JN246914

戦争を知っている最後の政治家
中曽根康弘の言葉

鈴木哲夫

ブックマン社

はじめに

一九四五（昭和二十）年八月十四日にポツダム宣言を受け入れた日本は、マッカーサーが率いるGHQ（連合国軍最高司令官総司令部）による管理のもと、被占領国として戦後の第一歩を踏み出した。そんな中、焼け野原となった東京の地に立ち、政治家を目指したのが、戦争中には海軍主計将校として米軍と戦った中曽根康弘氏だった。

とはいえ、占領下にあった当時の日本政治は混乱を極めていた。

一九四六年五月、日本自由党総裁だった鳩山一郎がGHQにより公職追放されたのに伴い、吉田茂が後任総裁に就任して第四十五代内閣総理大臣に就任、第一次吉田内閣（一九四六年五月二十二日～一九四七年五月二十四日）を立ち上げた。

しかし翌一九四七年に行われた第二十三回総選挙で日本社会党に敗れ、片山哲内閣（一九四七年五月二十四日～一九四八年三月十日）が誕生した。中曽根氏が群馬三区から選挙に出馬し、見事トップ当選したのもそのときのことだった。

それに続き、一九四八年三月十日に誕生したのが民主党の芦田均内閣（〜一九四八年十月十五日）だったが、在職二百二十日で汚職事件（昭和電工事件）がきっかけで総辞職に追い込まれ、同年十月十五日には第二次吉田茂内閣が発足した。そして第五次吉田内閣が終焉を迎える一九五四年十二月十日まで、吉田時代が続くことになった。そんな中、中曽根は徹底的に吉田茂に対し、対決姿勢を貫いていった。

私は、以前『本格報道 IN side OUT』（日本BS放送）のプロデューサーをしていたとき、中曽根氏に番組に出演してもらったことがある。放送されたのは二〇一三（平成二十五）年一月一日のことだったが、その中で「若い頃、国会の舞台で吉田茂を一番追及していたのが中曽根さんでしたよね」という質問に対して、中曽根氏は次のように語っていた。

「そうです。アメリカに迎合しているじゃないか、と——。我々は野党でもありましたけど、しかし我々、戦争に行って帰ってきた復員軍人としてみると、ちょっとアメリカに阿りすぎていると、そういうふうに見ていましたからね。もっと堂々とやれないものかと――」

だからこそ「憲法改正だ」とも訴えた。野党議員ながら、こうして堂々と吉田に盾突く中曽根氏の政治姿勢は大衆受けし、「青年将校」とも称され、絶対的な人気の源となった。日本国民の中にも、戦争に負けたからといって、米国の言いなりになっていいのかという気持ちがまだまだ強かったのだ。

中曽根氏はまた、「大東亜戦争に参加して海軍で戦ったもんですからね。それで負けて帰ってきて、日本を再建するという仕事に入ったので、大きな歴史の反省の材料を与えられた。新しい政治をこれから展開しなくてはいけないと感じていた」とも語った。

そうした言葉からもわかるように、敗戦国が主権を取り戻し、国際社会の中で生き抜いていくにはどうしたらいいのかが、若き日の中曽根氏の最大の政治テーマだったといえるだろう。

その思いは変わることがなかった。そしてその後、中曽根氏はさらに頭角を現し、自由民主党の前身となる日本民主党に加わり、首相の座を目指していったのである。

中曽根氏は、先の番組の中で、「首相になったら何をやるべきかを、大学ノートに綿々と書き続けていた。そのノートが数十冊になった」と述懐した。そして、一九八二年十一月二十七日に首相に就任すると、米国のレーガン大統領と密接なロン・ヤス関係を築くと同時に、多くの先進諸国との外交に力を発揮する一方で、国内的には増税、行政改革などにも切り込んでいったのである。

もちろん、中曽根氏一人に限ることではないが、現在の日本の繁栄は、そうした政治家たちの主導のもとに築かれたといってもいいだろう。

しかし、中曽根氏が取り組んだ多くの問題は完全に解決されたわけではない。一向に改善されていない部分は多いし、その後、新たな問題も次々と出てきている。例えば国内問題では、財政赤字が巨額になりつつある一方で、増税の先送りが続いているし、行政改革もまだまだ不十分だ。

国外に目を向ければ、ロン・ヤス関係以降、米国との同盟関係はより強固なものとなってきたようにも見えるが、ここにきて、ドナルド・トランプ大統領が出現し、新たな見直しが必要となっている。貿易摩擦問題も再燃しそうだ。ロン・ヤス時代にも日米貿易摩擦が非常に大きな課題となり、結果的に日本が妥協する形で収まっていたが、トランプ大統領は保護貿易の姿勢を鮮明に打ち出し、ＴＰＰ（環太平洋戦略的経済連携協定）を頭から否定している。

こうした動きは、単にトランプが特異な大統領だから生じている問題ではない。戦後の世界は、経済的にも軍事的にも米国主導で形づくられてきた。米国にはそれだけの力と、自由主義経済と世界平和を守ろうという意識もあったのだ。しかし、もはやその力も意識も失いつつある。多国籍企業の出現により、国を問わず貧富の差が拡大、保護主義傾向も高まりつつある。これは第二次世界大戦勃発直前の状況に似ていると指摘する識者も少なくない。

日本は今、激変する世界情勢の中で大きな岐路に立っている。そんな中、これからの日本がどう進んでいくべきか。それを考える上で、中曽根氏が政治家としてどう考え、どう行動してきたかを知ることは大きな意味があるのではないだろうか。

それが、私が本書を書こうと考えたきっかけだった。

中曽根氏は、一九八七年まで内閣総理大臣として日本を導いた。また、その後も日本政治家の重鎮として活躍してきたが、私は現役時代の中曽根氏の言葉より、総理大臣を辞めた後の発言や著書に書かれた言葉のほうに、含蓄を感じている。本書を書いている二〇一七年五月二十七日、中曽根氏は九十九歳を迎えた。戦争を実際に体験し、かつて戦った米国との同盟関係を深化させ、また様々な国内問題と向き合ってきた中曽根氏の言葉に、我々はもう一度、耳を傾けるべきなのではないだろうか。

二〇一七年五月三十日

鈴木哲夫

戦争を知っている最後の政治家
中曽根康弘の言葉

目次

第一章　リーダー論

第二章 政治家としての原点

第三章 戦後政治、激闘の時代

第四章　戦後日本「五五年体制」時代

第五章 「総理大臣」中曽根の本音

第六章 日本への提言

本文中、一部を除き、敬称は略させていただきました。

第一章

リーダー論

政治的テロだ！

二〇〇三年十月二十三日の記者会見より

ここまで強い口調で怒りを露わにしたことは、中曽根康弘の政治家人生の中でもおそらくないだろう。

非難の言葉も容赦なかった。二〇〇三（平成十五）年十月二十三日、最後まで本人の考えに任せると発言していた小泉純一郎首相が中曽根事務所を訪れ、中曽根に議員引退を迫った。その直後の記者会見で、中曽根は小泉を「テロリスト」呼ばわりまでしたのだった。

小泉率いる自民党執行部は、この年、近づく総選挙を前にして、自民党においては衆院選比例代表の七十三歳定年制を原則的に導入する方針を決定した。

閉塞感漂っていた自民党政権を「ぶっ壊す」と登場した小泉は、ポピュリズムを見事に利用し、世論の支持を得るために「仮想敵」を作り、改革イメージを前面に演出した。そういう意味で、中曽根の定年問題は、まさに「世代交代と党の改革イメージアップ」に向けての格好の小道具となった。自民党の地方組織も定年制導入に賛同した。

しかし中曽根は、小選挙区比例代表並立制が導入された一九九六年十月の衆院選で選挙区調整に応じて比例に回ったその代償として、当時の加藤紘一幹事長から「北関東ブロックの比例終身一位」を約束されていたし、中曽根自身も政治家として現役を続行することに意欲を燃やしていた。

小泉は当初、中曽根の「自発的引退」を期待していた。しかし、中曽根の断固拒否の姿勢は強まる一方だった。このため、直接引導を渡しに行ったのである。

小泉・中曽根会談はたった二十分。小泉が「どのような立場でも発言や行動が注目され、影響力がある。そういう立場で今後も活動を願いたい」と引退を求めたのに対し、中曽根は、「断じて了承できない」と言って二つの理由を挙げた。

その一つ目は、実に中曽根らしいではないか。長くタブー視されてきた「憲法改正」への執念を小泉に訴えた。

「(了承できない理由は)まずは、政治家の使命感というものがある。マッカーサーの占領から解放されて以後、憲法改正、教育基本法の改正を訴えて五十年間その使命感で一途にやってきた。教育基本法は次期国会に上程されようとし、憲法は、来年は自民党が憲法草案を期する段階。最後の仕事が、いよいよ目の前にきた状況で国会議員を辞めることはできない。小泉さんは、中曽根さんならばどこでも働けると言うが、そんなものではない。使命感と執念の問題だ」

そして二つ目の理由として、「終身一位は党の公約であり、約束を守るべきだ」と主張した。

中曽根は、こうした会談の応酬を直後の記者会見で披露したうえで、次のように言って、小泉自民党の再考を求めた。

「**こんな非礼なやり方はないんじゃないか。総裁・総理経験者に対し、爆弾を投げるようなもんだ。一種の政治的テロみたいなもんだ**」

だが会談後、小泉は安倍晋三幹事長（当時）と対応を協議して公認を見送る方針を最終確認し、中曽根に通告した。

中曽根がどんなに「テロ」と批判しようが、もはや公認は潰（つい）えたのだった。

結局議員引退を決断せざるを得なくなった中曽根は、十月二十八日、地元の群馬県高崎市で開かれた後援会の緊急総会で、約五百人の支援者を前にここでも無念さを隠さなかった。

「**今まで信じていたことが一日でひっくり返され、ほっぽり出されることになった**」

「（憲法改正は）**国会議員でなければできない。そういう志を遂げることができずにこんなに残念なことはない**」

会場からはすすり泣きの声も漏れた。

しかし中曽根は、最後にきっぱりと「議員は辞めるが政界は引退しない」と語り、今後については、言論や執筆で政治に対して発言を続ける決意を表明した。

中曽根と同時に、宮沢喜一元首相も引退勧告を受けていた。こちらは、小泉が直接訪れた直後に、「総理に恥をかかせるわけにはいかない。立候補を断念して党の若返りに貢献したい」と中曽根とは対照的だったこともあり、世間は「年寄りのわがまま」「引き際を知らない」などと中曽根の言動をなじった。

だが私は、見苦しいと言われようと、最後に見せたその政治家への執念と悔しさが、その後、晩年の中曽根をつくる「バネ」になったと思う。

中曽根自身、先の「中曽根後援会緊急総会」で次のように語っている。

「**私は議員は辞めますが、政界は引退しません。引き続いて国際的、国内的な政治活動を続けていきます。政治家として現役で死んでいくということを実行するときが来たのです。これは政治家の真骨頂であります**」

中曽根のリベンジだ。

この引退を機に、逆に中曽根は「政界唯一の理論的、大局的ご意見番」として、発信力を発揮することになる。

「もし中曽根さんが議員を辞めなかったらそれは単なる一議員。衆参議員の七百数十分の一でしかない。ご意見番はその上に立つ。中曽根さんの憲法論や安保外交論などは自民党だけでなく国会全体に、またメディアを通じて世論にも影響を与えるようになった」（自民党ベテラン議員）のである。

小泉自民党の引退勧告という「政治的テロ」は、中曽根の晩節を、むしろ輝かせたのである。

政治というものは、かつて起こしたような過失を
同じように犯す恐れをつねに内包しているのです。
舵取り(かじとり)をするリーダーの資格や条件が
厳しく問われるゆえんです

『日本の総理学』より

中曽根は、二〇〇四（平成十六）年に出版した『日本の総理学』（ＰＨＰ研究所）の「まえがき」冒頭に〈**最近、私は、戦前と今日の政治状況が奇妙に符合していることに危惧（きぐ）しています**〉と記した。

二・二六事件（一九三六年）前後から大東亜戦争で敗戦に至るまでの時代と、東西冷戦終結後の十年間を振り返り、その二つの時代において、日本政治は「漂流状態」が続いた。「漂流時代」は出口も希望も見えない時代でもある。大衆は何かのきっかけで、平時では考えられないような先鋭的なものごとへと火がついたように一気に流れていく。ポピュリズムやファシズムが生まれやすい「閉塞的な状態」でもある。その間、総理大臣が次々と代わり、政治のリーダーは国家の基本政策をないがしろにして、大衆の顔色ばかり気にするという、ポピュリズム政治がはびこっていくことになる。そんな時期は危険だという中曽根の指摘である。

さらに中曽根は、〈**現代は、戦前のようにファシズムが台頭する心配はありませんが、大衆の熱狂というものは、いつ何時（なんどき）火を噴き、政治を巻き込むか知れません。政治というものは、かつて起こしたような過失を同じように犯す恐れをつねに内包しているのです。舵取りをするリーダーの資格や条件が厳しく問われるゆえんです**〉

と続け、そんなときこそしっかりしたリーダーを選ぶ目と、慎重で冷静な政治の空気を意識しなければならないとしている。

しかし、この中曽根の指摘は、まさにいまの日本の政治状況にもそのまま格言として当てはまる。

中曽根が『日本の総理学』を書いた当時、政権を担っていたのは、まさに〝劇場型パフォーマンス〟で中曽根のいうポピュリズムを全面的に人気に結びつけた小泉純一郎内閣で、在職日数は、二〇〇一（平成十三）年四月二十六日から二〇〇六年九月二十六日までの千九百八十日に及んだ。

その後、短命の第一次安倍晋三内閣、福田康夫内閣、麻生太郎内閣と自民党政権が続き、二〇〇九年九月には政権交代で民主党を中心とした鳩山由紀夫内閣に、菅直人内閣、野田佳彦内閣と、自民党は野党の座に甘んじることになった。

政権交代の背景には、長い自民党政権に対する大衆の鬱積（うっせき）した不満があった。

中曽根のいう政権交代への大衆の「熱狂」が自民党を政権から引きずりおろしたのだが、この「熱狂」は、期待が大きいだけにそれに応（こた）えられないと一夜にして大批判へと変わるのもまた特徴だ。霞が関の官僚などに取り込まれていった民主党の政権運営に失望した大衆は、再び自民党政権に戻した。二〇一四年十二月二十六日、第二次安倍内閣が誕生したのだ。

大変革に臆病なはずの日本の大衆が、清水（きよみず）の舞台から飛び降りる覚悟で政権交代させたが、それがうまくいかなかっただけにショックも大きく、いまも多くの大衆の完全な政治離れにつながっている。

民主党が第一党となり、政権交代が実現することになった二〇〇九年の総選挙のときは六十九%を超えた投票率は、二〇一二年の総選挙では五十九%まで落ち、二〇一四年の総選挙では五十二%まで落ちている。

政治の信頼失墜だけではない。日本は一九九一年のバブル崩壊後、〝失われた二十年〟に苦しんでいたが、その傷が癒えぬうちに、二〇〇八年のリーマン・ショックに見舞われた。その結果、世界的な景気低迷が続く中、日本の政治は景気対策と政権争いに終始することとなり、混迷が続いた。さらに、二〇一一年三月十一日には未曽有の東日本大震災にも見舞われ、大衆は無力感に打ちひしがれた。

政治離れは進む一方だった。目の前の生活に追われ、もはや政治どころじゃないという風潮が広がると同時に、政治への不信感も募らせていった。

こうした時代に、例えば大阪維新の会の橋下徹が大阪府知事（のちに大阪市長）に、東京都で小池百合子が都知事になりえたのは、大衆の政治への閉塞感と無関心の中で彼らの心に響いたからだ。

彼らも、その激しい本音の言葉や劇場型政治でポピュリズムの波に乗り、台頭した。ただしこれらは「一歩間違えればファシズム」（自民党ベテラン議員）でもある。橋下氏や小池氏のような存在が中央政治にも登場するのか。橋下氏や小池氏が、リーダーとしてファシズムではない「指導力」を発揮したかどうかの評価が下されるのはまだ先である。

日本だけではない。アメリカのドナルド・トランプ大統領の誕生もまた、政治の漂流や大衆の政治への不信感や、ファシズムと隣り合わせの強いリーダーを選んだ結果だ。

中曽根が二〇〇四年に指摘した〝政治の漂流〟がずっと続いている限り、常に、大衆の熱狂の中でリーダーが選ばれる危険性があるのだ。

中曽根が言うように「常に、舵取りをするリーダーの資格や条件が厳しく問われなければならない」だろう。

2005年、講演会で熱弁をふるう中曽根康弘氏。生涯現役を目指している。

政治家は、結果責任で仕事をしなければ失格である

『日本人に言っておきたいこと』より

中曽根が第七十一代内閣総理大臣に任命されたのは、一九八二(昭和五十七)年十一月のことだった。中曽根の総理就任は田中角栄の後押しがあってこそ実現したものだった。当時、田中角栄はロッキード事件の被告人として糾弾されていたものの、田中派は大きな影響力を保持していたのだ。

そして総理大臣となった中曽根は、内閣官房長官に後藤田正晴を、自民党幹事長に二階堂進を据えるなど、極めて田中色の強い組閣を行った。従来であれば、同派閥からの人事が当然だった。だが中曽根はそうはしなかった。内閣、党内の主要な補佐役ポストは〝仕事のできる人間〟に任せるべきだという信念を持っていたからだ。

そのため、中曽根内閣は「直角内閣」とか、「田中曽根内閣」などと揶揄(やゆ)され、「田中派を中枢に据える人事に見識がない」などとマスコミからも叩(たた)かれることとなった。だが中曽根は平然としていた。

〈**政治家は、結果責任で仕事をしなければ失格である。仕事を残すということが政治家の仕事であって、どんな聖人でも仕事を残さなければ政治家として何の価値もない**〉と考えていたからである(『日本人に言っておきたいこと』109ページ)。

中曽根は後年、「国民は非常に現実的で、新聞やテレビの浅薄な批判や俗論に一時は流されるが、実際に政治家が何をしたかを見れば、必ずそちらへ目を向けるから、田中派の人材を最大限利用することで、とにかく仕事を残すことを目指した」と語っている。

それにしても、総理たるものどんな仕事を残すべきなのか。中曽根は、総理大臣には「経済重視型」と「政治重視型（思想重視型）」がおり、経済重視型総理として、吉田茂、池田勇人、佐藤栄作、田中角栄、福田赳夫、大平正芳、竹下登、宮沢喜一らの名を挙げる一方で、政治重視型として、鳩山一郎、岸信介、三木武夫、そして自分自身の名を挙げた。そして、その二つのタイプが代わる代わる出てくると政治は非常にうまくいくのだが、自分の後、経済重視型の総理が続いていると嘆くこともあった。

確かに中曽根以降の歴代総理大臣では、世界情勢が大きく変化していく中で、もっぱら経済対策に追われることになってきたのが実情だ。

第三次中曽根内閣が終わったのは一九八七年十一月のことだったが、それから四年後の一九九一（平成三）年にはソビエト連邦が崩壊して東西冷戦が終結し、世界経済は米国が主導する形で、自由貿易および市場主義経済を拡大させる方向に進んでいく。

一方、国内では、不況、高齢化問題、少子化、税収減、円安、失業問題、ビッグバン、東アジア金融危機など様々な問題が起き、それに対処するだけで手いっぱいだったとも言えるし、実は、それらの問題は何一つ解決されないまま今に続いている。

ただ、経済重視の政権運営は「リアリズム」に陥る。

例えば安倍首相は、首相就任前に、私との一対一の取材で中国についてこう語った。

「私は、思想家ではなく政治家。思想家なら中国という国家のあり方には問題があるとは思うが、政治家である以上、国益を考えて中国と相対していかなければならない。中国の経済力や国際的ポジションを考えれば、日本と中国はウインウイン、互恵関係で話し合っていくべきだろう。私は、中国とは対話していく」と——。

このように経済に重きを置くことで、国家としてのあり方やイデオロギーはどうしても抑え目になってしまう側面がある。国家観は政治の重要なテーマだ。経済重視の総理が続くことで、日本の政治の土壌から「国家観」の議論が薄れ、国民がこの国のあり方に無関心になっていくことが懸念される。「経済」と「国家のあり方」のバランスをうまく取る為政者（総理）は、今後現れるのだろうか。

ところで、二〇一六年十二月五日、安倍晋三首相は在職日数が第一次政権を含めて通算千八百七日となり、中曽根康弘元首相（在職日数千八百六日）を抜いて歴代六位、戦後四位となった。

さらに二〇一七年三月の自民党大会で総裁任期が連続三期九年まで延長されたことにより、任期いっぱいまで総理を続けることができれば、戦前の桂太郎元首相（在職日数二千八百八十六日）を抜いて歴代最長となる。

小泉首相が中曽根に引退を迫ったとき、中曽根に衆院選の公認見送りを伝える役を担ったのが、当時、幹事長だった安倍だった。安倍は、「そのとき中曽根先生は『君も苦労するなあ』と言われながら『選挙に勝つためだ。しっかりやれ』と最後おっしゃった。自分は感涙した」と語っている。

1982年11月25日、第41回自由民主党臨時大会で第11代総裁に選出され、万歳をする中曽根氏。中曽根新総裁誕生は、この年の10大ニュースの1つに数えられた。

指導者は歴史がつくるものである。
また指導者の育成に重要なカギを
握るのが選挙民である

『日本人に言っておきたいこと』より

中曽根は、指導者（政治家）は歴史がつくるものであり、鮎の養殖のように人工的に育てることは不可能だとし、「選挙民が育てるのだ」と語っている。

例えば中曽根が首相だったとき、竹下登と安倍晋太郎に大蔵大臣と外務大臣を四年以上務めさせた。

〈**「これは」という人には、党の幹事長、三役、外務大臣、通産大臣、大蔵大臣、防衛庁長官、文部大臣といった要所要所を経験させていく配慮が大事である。そういった意味では、指導者は先輩の配慮の中で、歴史の流れプラス本人の努力によってつくられると思う**〉（『日本人に言っておきたいこと』89ページ）というのだ。

中曽根はさらに、〈**指導者の育成に重要なカギを握るのは選挙民である**〉ともいう。自分たちの投票で国家的な人材を創り出すという意識を、選挙民がもっと持つことが重要だというのである。

しかし残念ながら、今、日本国民の政治に対する姿勢はもっぱら受け身になっている。その現実を変えない限り、日本政治が世界に立ち向かう力を持つことは不可能だといえるのではないだろうか。

リーダーには四つの条件
(「目測力」「説得力」「結合力」「人間的魅力」)が
求められる

『保守の遺言』より

中曽根は、時代を超え、いつの時代にも政治家に求められるものとして、「目測力」「説得力」「結合力」「人間的魅力」の四つを挙げている。

「目測力」とは、事態の推移を予測し、自分が下した判断を遂行するために問題を提起し、いかにゴールに到達させるかを把握する能力。

「説得力」は、内外に対するコミュニケーション能力。

「結合力」は、素晴らしい人材と情報、そして資金を集めて結合する力。

そして最後の「人間的魅力」とは、協力してくれる人たちを動かし、能力を最大限に発揮させる根本的な力だという（『保守の遺言』１４５ページ）。

そして、そんな四つの力、とくに「人間的魅力」を持っていた人物として、「ロン」「ヤス」と親しく呼び合ったロナルド・レーガンの名を挙げている。

レーガンは元俳優だったことはよく知られているが、一九八一年一月から一九八九年一月まで米国大統領を務めた。中曽根は、そのレーガンを「芸術家的な直観力とイメージとアイデアの力を有し、国民を納得させ、一緒にゴールに向かおうと鼓舞する能力に長(た)けていた」と高く評価する。

また、ペレストロイカ（改革）とグラスノスチ（情報公開）を断行し、冷戦を終結させたソ連（現ロシア）のミハイル・ゴルバチョフも、温かみのある魅力的な人物だったとし、「レーガンもゴルバチョフも相手を気持ちよくさせて帰す術（すべ）を知っていた」と述懐している。

そして三人目には鳩山一郎の名を挙げる。

その鳩山と中曽根が初めて会ったのは戦後すぐのことだったという。鳩山一郎の長男・威一郎と東大、海軍経理学校と同級生だった関係で軽井沢の別荘を訪れて面会したのだ。

その当時、鳩山はＧＨＱの公職追放を受けて隠遁（いんとん）生活を余儀なくされてい

1955～1956年頃に撮影された写真。左は鳩山一郎、後ろで話を聞いているのが若き日の中曽根氏だ。

た。一九四六（昭和二十一）年の総選挙で、鳩山が率いる日本自由党は第一党となり、鳩山は首相の指名を待つばかりになっていたのだが、その直前に公職を追われていたのだ。だが、中曽根を前にした鳩山は意気軒昂だった。草刈りをしながら、中曽根に「追放解除となった暁には新党をつくる」と語ったという。中曽根は、そんな鳩山に「偉丈夫で逞しい」という第一印象を抱いたのだ。

その鳩山は、一九五四年、吉田茂の後を受けて首相となると、鳩山ブームを起こし、日本民主党と自由党の保守合同を成し遂げて、自由民主党を立ち上げる。そして吉田の米国一辺倒の外交政策を転換、一九五六年十月十九日には日ソ共同宣言を発表して、ソ連との国交回復を果たすことになる。

また、鳩山は、確固たる日本の独立を勝ち取るために再軍備を唱え、改憲を公約にした。その方向性はまさに中曽根の目指す方向と同じだった。

その公約は鳩山内閣時代に果たされなかったが、自民党のいわば党是となり、中曽根に受け継がれ、さらに今日の安倍内閣へと引き継がれている。

総理大臣というのは親密な味方がいないとダメなんですよ

『天地有情』より

中曽根は『天地有情』（２４０ページ）で、こう述べている。

〈財界人であれ、ジャーナリストであれ、もちろん政治家であれ、ほんとうに相許せるというグループを持っていないと、いわゆる強い政治というものはできませんね。最近の首相にはそれがないのではないかと少々心配です〉

そう語る中曽根を支えた組織の一つが「新政同志会」である。

もともとは鳩山一郎の側近であった河野一郎の「春秋会」が起源だが、一九六六（昭和四十一）年、河野の死後に佐藤栄作の支持・不支持を巡って分裂、中曽根を中心とする佐藤不支持のメンバーによって結成された。長老格の中村梅吉、野田武夫をはじめ、桜内義雄、山中貞則、稲葉修らがいた。

その新政同志会が立ち上げられたとき、中曽根を応援する会もつくられた。財界を中心としたグループ「弘基会」は、宮崎輝（旭化成）、篠島秀雄（三菱化成）、大滝四士夫（古河鉱業）、永田敬生（日立造船）、河原亮三郎（東芝）らがいた。

また、旧制高校の先輩だった持田信夫（持田製薬）を中心に、松本誠也（パイオニア）、神谷一雄（松久）らによる「山王経済研究会」もでき、中曽根が首相になった頃には百社以上がメンバーになっていた。政治には金がかかる。そうした組織の支援があったからこそ、中曽根は派閥を維持し、総理の座を手にすることができたのだ。

また中曽根は早い時期からジャーナリストを中心とする「松原会」という勉強会を持った。そこには宮崎吉政・戸川猪佐武・渡辺恒雄（読売新聞）、三宅久之（元毎日新聞）、三浦甲子二（元朝日新聞）、高橋幹夫らが加わっていた。

その他、浅利慶太などもブレーンだったというから、その人脈は非常に幅広いものだった。中曽根自身、正直に語っている。

〈**総理大臣というのは、親密な味方がいないとダメなんですよ。単なる応援部隊なんかいくらいてもダメなんです。政治的、社会的に心中できるぐらいの深い親交を持っていないと裸の王様になるんですよ**〉（『天地有情』３９８ページ）

その一方で中曽根は、一人の時間を大切にしていたという。風呂に入り、寝るまでのひとときを使って日記を書いたり、朝起きた後、一人で静かに考える時間をつくっていたという。

このあたりが、田中角栄とは違うところである。田中は朝から多くの陳情客と会うのを日課としていた。それが彼の庶民的人気の原点でもあった。

それに対し、中曽根は朝はインスピレーションが湧き、頭が冴える貴重な時間であり、面会時間に使うのはもったいないと考えていた。

そうした中曽根の姿勢はややもすると、庶民からは「冷たい」とか「偉そうだ」ということにもなったし、「中曽根のいうことはどうも理屈っぽい」ということにもなったが、それもまた、中曽根らしさだったといえるのかもしれない。

しかし、こうした味方や仲間は、「おともだち」ではないこともつけ加えたい。おともだちは、総理を囲むごく狭い仲間うちの利益や納得を優先させる。それは他者に対して排他的になり、総理を裸の王様にする。真の「親密な味方」とは、客観的な目で総理に苦言を呈することができる人たちである。真の「側近」もまた、いいことは言わずに悪いことだけを伝える。中曽根の「味方」は、その名前をざっと見ただけでも、一家言ある人たちが多い。ときには中曽根を叱った者もいるという。中曽根のいう「親密な味方」の人間関係は深い。

我々の手による堂々たる憲法を作らなければならない

「終戦七十年寄稿」より

二〇一五（平成二十七）年、日本は終戦七十年を迎えた。同年八月七日付の全国紙に中曽根による「終戦七十年寄稿」が掲載された。その中で中曽根は、二十八歳の初当選時から憲法改正を訴えてきたものの、その声が戦後の高度成長の前にかき消されていったと振り返り、現憲法下で自由や民主主義、平等という考えが定着し、日本の繁栄を支える大きな基礎になったことは否定できないとしつつも、その過程に見失ったことも多いと指摘した。中曽根はこう書いている。

〈やはり歴史や伝統、文化といった日本固有の価値をうたわぬことは、その国の憲法にとって大きな欠落と言うべきであろう。我々は何をもって自らが日本人であることの証（あか）しとするかといえば、民族国家としての悠久からの歩みであり、そこから積み重なりながら生まれた万古不易の民族的文化価値こそ我々の核となるべきものなのである。

我々は、こうした民族独自の共通価値と自由、民主、平等、平和といった普遍的価値を軸に、国内外の情勢や動向を見回しながら新しい時代を切り拓（ひら）く我々の手による堂々たる憲法を作らねばならない。それは、この70年の日本の平和の歩みを国是として刻み、これからの礎としながら、新しい時代をどう考え、国運をいかに拓

くかという我々の課題でもある〉（読売新聞　二〇一五年八月七日付）

このとき中曽根九十七歳、憲法改正を訴える姿勢はまったく揺らいでおらず、その主張は矍鑠（かくしゃく）たるものだった。

こうした中曽根の考えは、彼が海軍将校として実際に戦争を戦い、敗戦を体験したことに負う部分が大きいことは間違いないだろう。現役の国会議員は今やほとんどが戦後の生まれである。政治家と呼ぶにふさわしい人物として、実際に戦争を体験した政治家はもはや中曽根ただ一人となっているといってもいいだろう。その彼が何を訴えるのか。現在を生きる日本人は、彼の言葉に耳を傾け、今一度、〝日本のあり方〟について考えてみるべきなのではないだろうか。

振り返ってみれば、日本の戦後は戦勝国による統治で始まった。ＧＨＱの下で日本国憲法が作られ、今の体制が築かれた。以来、日本は経済的繁栄を遂げ、一度として戦争に巻き込まれることもなかった。中曽根がいうように、自由、民主、平等、平和を普遍的な価値としており、それが国是となっている。

しかし、それは果たして日本人自身が築き上げてきたものなのだろうか。中曽根はそうではないと考えている。日本の現行憲法は、いわば、アメリカに押しつけられた憲法である。だからもう一度見直し、自らの手で新しい時代にふさわしい憲法を作るべきだと主張しているのである。

そして中曽根が「終戦七十年寄稿」を発表して二年後の今、日本はこの問題について改めて考えなければならなくなっている。それは世界が大きく変わりつつあるからだ。

まず二〇一六年六月二十三日、イギリスでは、EU（欧州連合）離脱の国民投票が行われ、EUを離脱することが決まった。離脱支持が約五十二％、残留支持が約四十八％という僅差だった。

EUは、二度の世界大戦を経る中で国力を落とし、果ては共産国になった国々もあり、ヨーロッパが二度とお互いに戦火にまみれないよう安全保障面で一体となるように、またヨーロッパ諸国がアメリカや日本の経済圏に対抗するために作ったものだった。当然、イギリスも経済的な面ではその恩恵を受けていた。だがイギリス国民は、経済的な利益より、政治経済の統合の深化を進めようとするEUの支配下から〝独立〟することを選択したのだ。「しょせん、イギリスはEUに残留するだろう」と高を括っていた日本政府にとっては〝想定外〟のできごとだった。

続いて十一月八日にはアメリカの大統領選挙が行われ、ヒラリー・クリントンを破ったドナルド・トランプが新大統領となった。ことあるごとに、「アメリカが世界の警察官であり続けることはできない」と主張し、アメリカの利益を第一とするという「一国主義」を掲げての勝利だった。つまり「もうこれからは世界秩序のために働くなんてまっぴらだ。アメリカ国内のことで手一杯だ」ということだ。だから、TPP（環太平洋戦略的経済連携協定）もストップするとしているし、日本に対して「アメリカ軍に駐留してほしければ金を出せ」と言っている。

そもそも第二次世界大戦でヨーロッパもアジアも焦土と化し、唯一無傷だったアメリカは、経済的にも軍事的にも戦後世界の頂点に立つことになった。そしてソ連との冷戦の中、「世界の警察官」としての役目を果たし、現在の世界秩序を作り上げてきた。アメリカ発のグローバル経済が世界を席捲（せっけん）し、ロシアも中国もその中に組み込まれている。日本はそんな戦後の歴史をアメリカと共に歩み、繁栄してきたのだ。だが、その秩序が軋（きし）みを上げ始めている。その中で日本はどんな道を歩いていくべきなのか。憲法としっかり対峙（たいじ）することで、日本の国のあり方や民主主義を今一度、考えるきっかけにするべきなのかもしれない。

中曽根は「終戦七十年寄稿」でこうも指摘していた。

〈戦後の日本は、冷戦構造の下で西側陣営に所属し、米国との安全保障によって軽武装と一国平和主義に徹し、自国の安全を担保することができた。しかし、自国の防衛や世界共通の安全保障、国際貢献を他国に任せて、単なる経済面の協力だけでは今や通用しなくなってきている。日本の国際的地位にふさわしい貢献なくして、他国も日本を守ってくれるはずはないし、国際的にも孤立してしまうであろう。安全保障は片務的に成立するものではないし、相応の責任と役割が求められている〉

まさにそれは、アメリカがかつてのモンロー主義に立ち戻る可能性を読んでいたかのような主張だったと言えよう。だが、平和憲法としての役割や、日本人の精神的支柱としての憲法という存在は一方で厳然としてある。政治の舞台で護憲の旗はまだ高々と振られている。中曽根のような改憲論者と同じだけ護憲論者がいることは間違いない。

安倍首相は、「憲法改正は政治家としての信念」と公言し、改憲に着手しようとしているが、結論ありきではない、まずはその第一歩として国民的議論から始めるべきだろう。中曽根の論や含蓄を、この議論の中枢でリアルタイムに聞きたかった。

自主防衛を国の基本方針にしなければいけない

『天地有情』より

一九七〇（昭和四十五）年一月、第三次佐藤栄作内閣の防衛庁長官に就任した中曽根は、第四次防衛力整備計画の策定にあたることとなった。

当時の日本政府は、「国連（国際連合）がうまく機能するまでは日本の防衛は日米安全保障条約を基調にする」としていた。それは、日本が一九五六年十二月に国連に加盟して以来の基本方針だった。しかし、中曽根は「それはよくない」と考えていた。自著『天地有情』（２５４〜２５５ページ）に、〈**自分の国はまず自分で守り、それで及ばないところは安保条約や国連に頼る、つまり、自主防衛を国の基本方針にしなければいけない**〉と記している。

そして同年九月に訪米した際に、防衛費総額百六十億ドルの次期計画を検討中と表明し、帰国後には最大総額五兆八千億円という金額を具体的に挙げて注目された。

その後、防衛庁長官は、増原恵吉、西村直己、江崎真澄と次々に代わり、最終的には一九七二年十月九日、第一次田中角栄内閣の閣議で計画の主要項目が決定されることとなる。そのとき経費総額は四兆六千億円に縮小されたものの、日本の自主防衛は着実に進んでいくこととなった。

それにしても、中曽根は「自主防衛を目指すべき」と主張する一方で、安保体制そのものを頭から否定していなかった。いったいなぜか。それを理解するには少々説明が必要だろう。

そもそも日米安保条約は一九五一年九月八日にサンフランシスコ講和条約と同時に結ばれたが、「日本国に対する武力攻撃を阻止するため日本国内及びその附近にアメリカ合衆国がその軍隊を維持することを希望する」と書かれていた。つまり、日本がアメリカにお願いして日本に駐留してもらうという形をとっていた。またその内容は、アメリカはどこにでも基地が置けるし、アメリカ軍人等が公務中に事件や事故を起こした場合の裁判権が日本ではなくアメリカ側にあるなど、かなり不平等なものだった。そんな中、一九五七年一月に、群馬県の相馬ヶ原の米軍射撃場で、空薬莢を拾っていた農婦（四十六歳）が二十一歳の米兵ウィリアム・S・ジラードに射殺されるという事件（ジラード事件）が起きた。そのとき米軍が、「演習中の事故で、裁判権は米軍にある」とし、ジラードの身柄引き渡しを拒否して、日本国民の激しい怒りを駆り立てた。その後、日米関係悪化を恐れた米政府は日本の裁判権を認め、前橋地裁が「懲役三年執行猶予四年」の判決を下したが、ジラードは一九五八年十二月には軍の船で帰国してしまった。国民の間からは「安保反対」の大合唱が上がるようになったのも当然のことだった。一方、ちょうどその頃、岸信介内閣によって安保改定の交渉が始まっていた。

中曽根は戦時中は海軍にいた経験もあり、〝自主独立〟を掲げていただけに、国民の怒りは誰よりも理解していたし、とくに安保条約の中に「日本に内乱が起きた場合、在日米国軍が出動する」という、いわゆる内乱条項があることも国家として屈辱的だと感じていた。しかし六〇年安保改定交渉の結果、その内乱条項が削除されることになった。また一九六九年に行われたニクソン大統領と佐藤栄作首相の会談で、安保条約の延長と引き換えに、沖縄を返還する話も進んでいた。その中で中曽根は安保改定に賛成した。

当時の状況を考えれば、目の前の人気取りのために「日米安保破棄」を謳ったほうがよほど楽だっただろう。だが彼はそうはしなかった。日本が独自に軍事力を維持していくには膨大な費用がかかる。再軍備は考えるものの未だ期が満たないと考えたのか、または、その金を経済活動に回したほうが、国民の生活を豊かにできると判断したからだ。とは言え、アメリカの言いなりになっていては、本当の意味で独立した国とはいえない。中曽根はそれを冷静に計算した上で、自主防衛を国の基本方針としつつ、早く条約改定を進めるべきだと考えたのである。理念としての国のあり方と現実的な対応とは別だ、というわけである。「政治的リアリズム」を最優先にした戦略だった。結局、安保条約は一九六〇年一月十九日に岸信介首相とアイゼンハワー大統領との間で「新安保条約」として結び直され、その期限は十年後の一九七〇年までとされた。

その一九七〇年を前にした一九六八年頃から、全共闘や新左翼諸派の学生運動が全国的に盛んになり、東大闘争、日大闘争をはじめ、大規模なデモンストレーションが全国で展開されることとなった。しかし、六〇年安保のときほどは盛り上がらなかった。結局、一九七〇年六月二十三日、条約は自動継続となった。中曽根はまさにその時期に自ら手を挙げて防衛庁長官となったのだ。

それ以降は、日米いずれかが一年前に予告することで一方的に破棄できることとなっているが、破棄されることなく今に至っている。

第二章

政治家としての原点

私たちの子供時代はやはり
家庭や共同体、郷土というものから
大きな影響を受けたものです

『命の限り蝉しぐれ』より

故郷の山河や、そこで暮らす人々の生活や伝統を守る――。「保守」をごくごく簡単にそう表現する政治家は多い。

中曽根康弘は材木店「古久松」を営む父・松五郎と母・ゆくの次男として、群馬県高崎市末広町で産声を上げた。一九一八（大正七）年五月二十七日のことである。上には姉の初子と兄の吉太郎がいた。後に、弟の良介も生まれる。

家の裏にあった倉庫の物干し台からは上毛三山と称される赤城山、榛名山、妙義山の峰々と浅間山、そしてその奥には谷川岳が眺められた。中曽根は、とくに浅間山の肩に夕日が落ちていく光景が大好きだったという。

父・松五郎は一代で、古久松を群馬県一といわれるまでに築き上げた。家と工場も合わせると敷地は三ヘクタールもあり、百人近くの職人や工員が山林や工場で働いていた。また家には住み込みのお手伝いも常時十人ほどいた。

正月の二十日には毎年、工員や職人などを呼んで、自宅二階の大広間で商売繁盛を願う「えびす講」をやるのが古久松の恒例行事だった。

子供だった中曽根も宴会の座に座らされ、大人たちといっしょになって声を上げたという。

中曽根は「旧制中学に通っていた頃、父を同級生の前に出すことに恥ずかしさを感じた」と語っている。父は高等教育を受けていなかったからだった。

そんな息子に対し、父は人としてあるべき姿を教えた。例えば、木っ端でも粗末に扱おうものならこっぴどく叱った。

木にも命がある。その命を供養するには生かして使うことだ。どんなものでも使い道はある。それを考えるのが人間の知恵だ。知恵のない者は木っ端ひとつ生かすことができない。そしてそれすらできない者が人間を生かして使うことなどできない。お前は人間を生かして使えない人間になってはならない。人間はいつでもどこでも知恵は磨けるし、その知恵を出さねばならないのだ、と――。

中曽根はその父について、〈**剛毅朴訥（ごうきぼくとつ）で口数は少なく、子どもたちには怖い存在でした。しかし、上州人特有の激しい、男性的な愛情の持ち主であり、人の扱い方には深い思いやりがありました。人との心のつながりを大切にしたからこそ、商売がひろがり、発展していったのです**〉と書き残している。（『わたしがリーダーシップについて語るなら』30ページ）

実際、松五郎は、利益を追求するだけでなく、それを社会に還元すべきだという考えを持っていたようだ。高崎の消防の責任者を引き受けたときには、火事になると真っ先に飛び出していくのが常だった。また、中曽根の母校だった北小学校に講堂を寄付したりもした。

中曽根は、そんな父に恥ずかしくないように振る舞うことの大切さを教えられていったというが、「そんな父の人間としての深味を理解できるようになったのは、大人になり、政治家になってからのことだ」と述懐している。

それが冒頭に挙げた〈**私たちの子供時代はやはり家庭や共同体、郷土というものから大きな影響を受けたものです。自分を取り巻くそうした環境・大自然から感じたもの、体に叩き込まれたもの、あるいは自然に沁み込んできたもの、そういうものが私を育んでくれた。それによって私はこれまで生きてきたのだと思っています**〉(『命の限り蝉しぐれ』(54～55ページ)という言葉に結びついていったのである。

母は美しいひとであった

「風花に想う母の温情」より

中曽根は父親もさることながら、母親から大きな影響を受けて育ったという。中曽根の母親・ゆくは群馬県安中の郵便局長の娘だった。「ゆく」という名前は、「ゆうびんきょく」の最初と最後の字を取ってつけられたものだという。

実家の中村家はもともと農業と商家を営む資産家だったが、時代の変遷の中で事業に失敗してかなりの土地を手放すこととなった。しかしゆくの父は一念発起して一九〇一（明治三十四）年にアメリカに三年間留学。帰国すると、安中で最初の郵便局長となった。また群馬県出身で同志社大を創設した新島襄に協力して教会や学校を建設するなどして人々の尊敬を集めた。

新島襄や内村鑑三を出した群馬はキリスト教が盛んだった。ゆくも前橋のミッションスクール「共愛女学校」を卒業していた。中曽根家はキリスト教を信仰していたわけではなかったが、中曽根は母といっしょに風呂に入りながら、讃美歌を教わり、聖書の教えに触れていった。

中曽根は、母のよく通るソプラノの歌声と、歌っているときのうれしそうな表情が大好きだったと振り返っている。

当時は、日本にヨーロッパの文化が一挙に入ってきた、いわゆる「大正ロマン」

の時代だった。また、資本主義経済が急速に発達し、日本人は〝自由〟を自覚するようになった。その一方でソ連からは共産主義思想が入ってきて全国的に労働争議が拡大していった。

中曽根の実家「古久松」も活動家のターゲットとされ、それまで家族のように接していた工員や職人と激しく対立することになった。一時は父の松五郎が心労で倒れたほどだったが、そのとき矢面に立って争議団と交渉に当り、会社を守ったのは母親のゆくだった。

中曽根は、そんな母をこう語っている。

〈息子の口からいうのは憚（はばか）**られるが、母は美しいひとであった。記憶は歳月とともに浄化されるというが、公平に見てそうであったと思う。私はこの母が自慢であった。このひとが決して皺**（しわ）**をたくわえた老婆などにならぬように、と子供心にひそかに願いさえしたものである〉**（「風花に想う母の温情」『婦人生活』22（2））

一九三五（昭和十）年に旧制高崎中学（現在の群馬県立高崎高等学校）を卒業した中曽根は、旧制静岡高等学校（現在の静岡大学）文科丙類を経て、一九三八年に東京帝国大学（現在の東京大学）法学部政治学科に入学、千駄木の団子坂の下宿から本郷に通うようになる。

その前年には中国で盧溝橋事件が勃発していた。国内には重苦しい空気が漂い始めていたし、日本は国際社会の中で孤立しつつあった。

だが中曽根は当時、「日本独自の歴史や文化を守るという国家観と、普遍的な良心と世界性をどのように調和できるのか」と揺れていたと振り返っている。

中曽根は大学三年生になった一九四〇年三月十日、母の突然の死に直面することになった。

前日の深夜、下宿先に母の危篤を知らせる父からの電話がかかってきた。中曽根は取るものも取らず上野駅に行ったが最終列車は出た後だった。翌朝の一番列車で高崎に帰った。だが間に合わなかった。

ゆくはその一週間前、国防婦人会の一員として高崎駅から出征する兵士を見送った際に風邪をひき、急性肺炎を併発して高熱を発していた。症状は思わしくなかった。心配した松五郎はゆくに、「子供たちに連絡しよう」と言った。しかし、ゆくは「今は試験中だから呼ばないでほしい」と言い、松五郎に自分に代わって神社にお参りしてくれるよう頼んだ。

ゆくは息子たちの試験のとき、いつも高崎の神社を五、六か所回ってお参りしていた。松五郎はゆくに頼まれて自転車で近所の神社を回った。松太郎が帰ってきて、「回ってきたよ」と声をかけるとゆくはたいそう喜んだという。

だがその夜、容体が急変して息を引き取ったのだった。享年五十一だった。

中曽根は父からその話を聞き、母の亡骸（なきがら）に取りすがって泣いた。

中曽根の脳裏には、母が週二回は「不良になるな」「お腹をこわすな」「風邪をひくな」と手紙を寄こしていたこと、ときどき東京に出てきては、下宿に小さな

1931 年高崎中学入学の頃。左から母のゆく氏、弟の良介氏、康弘氏。

鉢植えの花とミルクチョコレートを届けてくれたこと……様々な思い出が鮮明に蘇(よみがえ)った。

葬儀が終わって東京に戻っても一か月ほどは何も手につかなかった。

だがある日、はっと気がついた。「母は勉強の邪魔にならないよう、自分に知らせることなく逝った」ということに――。

中曽根はそれから必死に勉強した。そして見事に高等文官試験に八番の成績で合格したのだった。

中曽根は母について次のようにも書き残している。

〈**今も夜の星を眺めるとき、「あの星のなかのひとつから、母親が私を見ている」と、この年になってもそういう実感をもって見ています。そうした家族とか肉親、母親の情といったものが、やはり私の中に染み付いているのです**〉(『自省録―歴史法廷の被告として―』22ページ)

先の戦争が起きた原因を考えるとき、
その元凶は官僚主義であるというのが、
私なりの結論である

『保守の遺言』より

一九四一（昭和十六）年三月に大学を卒業した中曽根は、内務省に入省する。だがすぐに海軍の短期現役制度に応募し、海軍経理学校に入学した。短期現役制度とは任官期間を三年以下二年と定めた制度で、旧制大学の法学部、経済学部、商学部などの卒業者、もしくは高等試験合格者が対象となっていた。

海軍経理学校を同年八月に卒業すると、海軍主計中尉として巡洋艦「青葉」に乗り組み、十月まで土佐沖で猛訓練を受けることとなった。青葉は連合艦隊第一艦隊第六戦隊の旗艦だった。艦内には「いよいよ戦争になるのではないか」という空気が満ちていた。

一九三九年、ヨーロッパではドイツ軍がポーランドへ侵攻して第二次世界大戦が始まっていた。いっぽう日本は一九三七年から日中戦争に突入、日本、満州国、中華民国を一つの経済共同体とし、東南アジアを資源の供給源にするという構想を打ち出していた。いわゆる〝大東亜共栄圏〟を構築しようという発想だった。

それに対して米国が反発を強め、蔣介石の反日活動を裏で支援する。一九四一年四月には野村吉三郎駐米大使とコーデル・ハル米国務長官による日米交渉が開始されたが、米国が提示してきた要求はとても日本が呑めるような内容ではなかった。それと同時に、米国主導の形で、アメリカ（America）、イギリス（Britain）、中華民国（China）、オランダ（Dutch）によるABCDラインによる日本に対する経済制裁がさらに強化されていった。

そもそも米国は、フランクリン・ルーズベルトが大統領に就任した一九三三年以降、対日貿易を制限する方向を打ち出していた。そして一九三九年には日米通商航海条約の破棄を通告、翌一九四〇年には航空機用燃料や屑鉄（くずてつ）の日本への輸出を全面禁止にした。自国に資源を持たない日本はたちまち窮地に陥った。当時の日本の石油備蓄は約六百万トンしかなかった。二年しかもたない量だった。また、アメリカが大艦隊の建造に着手したという情報も入ってきていた。国内には「もう油がなくなる。このままでは座して死ぬだけだ。もはや戦争は避けられない」という空気が蔓延（まんえん）していった。

中曽根はそうした開戦論に対し、「石油の備蓄量を考えても、物量や技術の面から見ても、米国と戦争して勝てるわけはない」と思っていた。巡洋艦「青葉」の猛訓練の合い間には士官同士の論争もあった。日米開戦には反対だった中曽根は、青年士官室で兵学校出身の大尉とやり合った。「やって勝つ自信はあるんですか」「日米交渉を打ち切らず継続すべきことを貫くべきです」と——。

だが最後は、「死ぬ覚悟はあるのか」という話になった。そのとき中曽根は「死ぬ覚悟はできています」と答えるしかなかった。もはや、日米開戦は止められないところまで事態は進んでいたのである。

いったいなぜ、日本は無謀な戦争に踏み込んでいったのか。それに対する中曽根の答えは、〈**先の戦争が起きた原因を考えるとき、その元凶は官僚主義にあるというのが、私なりの結論である。実は、その官僚主義・軍閥を招いた元凶に、大日本帝国憲法がある**〉（『保守の遺言』68ページ）というものだった。

1941年、主計中尉として重巡洋艦「青葉」に乗艦した頃の中曽根氏。

私の体の中には国家がある

『自省録―歴史法廷の被告として―』より

国家観を語る政治家が少なくなった。時代といえばそれまでだが、生きるか死ぬか、道徳とは何かといった時代から経済優先・個人主義・自由社会の時代になった今、国家を意識する必要性が低くなってきたからだろう。

しかし、あの戦争を経験した人々にとって、国家はいやが上でも考えなければならなかった命題だ。何しろ国家のために命を捨てるのは当然だと多くの人が考えた。それはまさに人間の尊厳を踏みにじる発想だったが、それほど、「国家」は強大だった。中曽根もまたその渦中に生きた。

あの時代、日本は一気に米国との開戦へと突き進んでいった。土佐沖での猛訓練を終え、大分の佐伯湾に戻った中曽根が目にしたのは戦艦「大和」だった。同じ戦艦でも「陸奥」や「長門」が駆逐艦のように感じられるほどの威容を誇っていた。

一九四一（昭和十六）年十一月二十日、中曽根は広島県呉市の司令部に転属となり、第二設営隊の主計長に任命された。

そこで参謀長から下された命令は、「徴用工員二千名と若干の陸戦隊を率いて蘭印（オランダ領東インド）とフィリピンの敵の飛行場を奪取、それぞれの飛行場の滑走路は地雷で破壊されているが、それを三日以内に直して零戦を飛ばせるようにせよ」

というものだった。

それから出港するまで、昼間は編成、夜は武器弾薬、重油、セメント、工作機械などの積み込み作業の指揮で寝る間もなかった。

経理部から軍票七十万円も受け取った。今で言えば数十億円に相当する金額だったという。それを入れておく金庫もなかったから、お棺のような木箱を七つ作らせて十万円ずつ入れ、戸板で蓋をし、毛布を敷いて、その上に寝た。さらに外から見えないように蚊帳(かや)を吊り、銃剣付きの銃を持たせた水兵も立たせた。

中曽根自身、「後にも先にも、そんな大金と寝た海軍士官は自分だけだっただろう」と振り返っている。

十一月二十九日、呉から十四隻の船団が出港した。中曽根は輸送船「台東丸」に乗り組んでいた。

船団がパラオに着いたのは十二月早々のことだった。

中曽根はそこで十二月八日の真珠湾攻撃の大勝の報を聞いた。それを聞いてホッとはした。だが彼の脳裏からは「いつまでその状況が続くのだろうか」という不安は消えなかったという。

船団はそこからミンダナオ島のダバオへと向かった。

十二月二十日未明に上陸したときには、現地に住むモロ族との戦いとなった。B17の猛爆撃も受けた。その中で飛行場の補修・延長工事を終わらせ、続けてタラカンで飛行場もつくった後に向かったのはボルネオ島のバリクパパンだった。

だが、途中のマカッサル海峡で、十四隻中四隻が爆撃と潜水艦からの攻撃で撃沈されてしまった。さらに一九四二年一月二十四日、なんとかバリクパパンの湾に入って上陸しようとしたところを、今度はオランダとイギリスの巡洋艦と駆逐艦に襲われた。

たちまち四隻が撃沈され、数百人の将兵や工員が海に投げ出されて沈んでいった。その救援に当たっているとき、中曽根が乗っていた台東丸も被弾して火災が発生した。敵の弾が飛び交う中、多くの部下が砲弾にやられていった。その中には、古田という徴用工員の班長もいた。

徴用工員の多くは刑余者だった。つまり、刑務所に服役したことのある前科者が強制的に徴用されて連れてこられていたのだ。

海軍主計中尉とはいえ大学を出たばかりの中曽根は、そうした荒くれ者たちをまとめるために一計を講じていた。呉を出港する直前に、一番強面に見えた古田を呼んでこう声をかけた。

〈古田、おまえ、ずいぶん天皇陛下に迷惑かけたな。いよいよこれから戦争だ。おれも海軍のことはよく知らないが、おれの子分にならんか。おれも上州は国定忠治の血を受けた人間だ。どうだ〉（『自省録―歴史法廷の被告として―』23ページ）

古田はそれを承諾、中曽根は彼を班長にした。以来、古田は中曽根の意を汲んで工兵たちをうまくまとめてくれた。

中曽根の見立てどおり、古田は実に肝が据わっていた。ダバオでB17の爆撃を受けたときも輸送艦のハッチの上に堂々とあぐらをかいて敵機を睨みつけていた。初めての空襲に肝を冷やしていた中曽根もそれを見て覚悟を決め、古田の横に座ってあぐらをかいたという。

それだけではない。古田は、昼間の作業でみんなが疲れきっている中、率先して夜間の火の監視を買って出ていたし、週に一回の酒の配給のときは、配給のない年配の部下に自分の酒を譲るような男だった。

中曽根はそんな古田をひそかに尊敬すると共に頼りにしていた。その古田が敵の攻撃で瀕死の重傷を負ったのだ。足首が皮一枚でつながっている状態で血まみれになっていた。「古田、しっかりしろ」という中曽根に、古田は「隊長、すまねぇ」と言い残して息を引き取った。

南方作戦が終わると、中曽根は台湾に転勤を命じられ、空路、高雄の海軍施設部に移った。そこで多くの飛行場を作った。一九四四年九月には海軍兵備局補佐官に任命され、本国に帰還することとなったが、その壮絶な体験が中曽根に政治家への道を歩ませることになる。

中曽根は後にこう書き残している。

〈**戦死した戦友をはじめ、いっしょにいた二千人は、いわば日本社会の前線でいちばん苦労している庶民でした。美辞麗句でなく、彼らの愛国心は混じり気のないほんものと、身をもって感じました。「私の体の中には国家がある」と書いたことがありますが、こうした戦争中の実体験があったからなのです。この庶民の愛国心がその後私に政治家の道を歩ませたのです**〉（『自省録—歴史法廷の被告として—』25～26ページ）

確かに大きな白雲が見えました

『自省録―歴史法廷の被告として―』より

一九四五（昭和二十）年二月十一日、中曽根は日本女子大学国文科を卒業して大東亜省に勤務していた小林蔦子と高崎の神社で結婚式を挙げた。蔦子は一九二一（大正十）年十月生まれ。理学博士であり地質学者でもある小林儀一郎明治大学教授の三女で、台湾で一緒だった小林義治（のちの日本工業新聞社社長）の妹だった。

そのほぼ一か月後の三月二十三日には、三百五十五機の米艦載機によって沖縄本島への空襲が行われ、四月一日には上陸作戦が開始された。日本の敗戦はもう明らかだった。同年三月初めには、海軍省から弟の良介が二月二十五日に戦死していたことを知らされた。良介は海軍の木更津航空隊に入隊していたが、搭乗していた機が鈴鹿山中に激突、同乗者十一名とともに死亡していたのだ（その事実は昭和五十三年に明らかになった）。

六月になると、いよいよ沖縄陥落が目前に迫る中、中曽根は高松の海軍運輸部に赴任した。呉と土佐湾の特攻隊との連絡に当たるのが任務だった。

八月六日には広島に原爆が落とされた。その日のことを中曽根は、〈**広島に原爆が投下された一九四五年八月六日、私は偶然、高松にいました。西の空に、巨大な入道雲が湧き上がるのが見えました。広島は高松から百五十キロメートル以上も離れ**

ています。関係あるかないか知りませんが、確かに大きな白雲が見えました〉（『自省録―歴史法廷の被告として―』42ページ）と記した。

　中曽根は様々な著書で何度となく、「高松で原爆のきのこ雲を見た」と書いているし、そう発言もしている。だが、広島から百五十キロも離れた高松にいた中曽根が実際にきのこ雲を見たとは考えにくい。おそらく、前述のように、「巨大な入道雲を見た」というのが正しいのだろう。しかし、日本の敗北を象徴するできごとは彼の心に深く残り、高松で見た巨大な入道雲は、「原爆のきのこ雲」という記憶として残っ

1945年2月21日、小林蔦子さんと結婚。

たのではないだろうか。

それはさておき、広島に原爆が投下された三日後の八月九日には長崎にも原爆が落とされ、八月十五日には玉音放送が流された。中曽根はそれを高松で聞いた。そのときは頭が空白になり、一日半ほどは何も手がつかなかったと述懐している。

日本はポツダム宣言を受け入れ、八月二十五日にはGHQが横浜に置かれ、その後、東京・日比谷に本部が移された。中曽根のいた高松の部隊には、海軍本省から「海軍の物資を民間に払い下げろ」という命令が来た。そこで中曽根は機帆船を四隻調達して呉の軍需部から重油を貰い受け、高松の漁業組合に無料で引き渡した。魚を獲って国民に供給してほしいという思いだったという。それが一段落した九月、軍籍を離れて故郷に帰ってよいということになった。中曽根は妻・蔦子が疎開していた山梨県の小渕沢へと向かった。二十七歳になっていた。

中曽根は、その秋、廃墟となった東京の地に立った。マッカーサーの占領統治が進められ、それまでの日本の制度も習慣もすべてが否定されていった。まさに、すべてを破壊され尽くした中から日本の再生が始まっていったのである。

この現実に項垂（うなだ）れてはいけない

『日本人に言っておきたいこと——21世紀を生きる君たちへ』より

廃墟となった東京を見た中曽根は、「果たして日本は復興できるのか、この破壊の向こうに果たして未来があるのか」と暗澹（あんたん）たる思いに駆られた。

また同時に、「戦時中、ぬくぬくと身の安全を計っていたり、いいかげんなことをしてきた連中に、日本の政治をやられてたまるか」とも思ったという。そして軍服を脱ぎながら、次のような思いを新たにしたと記している。

〈悲惨な日本にあって、私を衝き動かしたものは何だったか。あえていえば、この現実に項垂れてはいけない、その先を見続けるためにも、わがよき日本の伝統を胆に据え、ゆく道に胸を張らなければならないという気持ちに他ならなかった〉（『日本人に言っておきたいこと――21世紀を生きる君たちへ』12ページ）

一九四五（昭和二十）年十月二十二日、中曽根は内務省に復帰し、官房調査部で働くこととなった。旧日本軍が保有していた軍需品を処理するのが仕事だった。

とはいえ、すべての物資はGHQの管轄下に置かれており、内務省で決定できることなど何もなかった。中曽根は、リエゾンオフィサー（連絡官）として、横浜に駐留していたアメリカの第八軍との交渉に当たる日々を送ることとなった。

直接の交渉相手となったのは第八軍の経済部長だったR・J・バラード大佐だっ

た。中曽根は当初、米軍から侮蔑的な扱いを受けることを覚悟していた。だが違った。バラード大佐との付き合いを通じて中曽根は、〈**「ああ、戦いに負けたのはこういうところにも原因がある」と思ったね。というのは、日本は陸軍主導で、軍人が威張っていた。ところが、バラード大佐は、私のような敗戦国の将校に対しても対等に、ジェントルマンとして付き合ってくれた。お互いを尊敬しながら付き合った**〉と書いている（『中曽根康弘が語る戦後日本外交』57〜58ページ）。

こうした体験を通して中曽根は、「日本は負けるべくして負けた。仮に勝ったとしても、日本は傲り高ぶった国になって、世界から孤立していたに違いない」と考えるようになっていったのである。そういう意味では、もし中曽根がリエゾンオフィサーとしてGHQと接していなければ、後にロナルド・レーガンとロン・ヤスの関係を築くこともなかったといえる。

だからといって中曽根が、〃米国に支配された日本〃を認めたわけではなかった。中曽根は、次のようにも思ったという。

〈**世界に冠たる日本の歴史を汚してしまった。だからといってこのまま占領軍にいつまでも支配されてたまるものか。一日も早く日本の独立を回復しなければならな**

い。マッカーサー司令部に強く立ち向かえる立場、それは国民代表たる国会議員になること。私が命がけで取り組める仕事、それは政治を除いてほかにはない――これが私の出した結論だったのです〉（『日本の総理学』24ページ）

中曽根が前述のバラード大佐を日光に招待して、芸者を揚げて接待していた一九四五年十一月二十八日、長男の弘文（現・参議院議員）が誕生した。そして一児の父となった中曽根は、翌年二月、香川県警務課長となり、その後、警視庁警視・監察官を務めていった。

そのままでいれば、官僚として出世する道があった。だが一九四六年十二月、中曽根は突然辞表を提出して高崎に帰ってしまう。そのとき、政界に打って出ることを決意していた。

私はＧＨＱの下請けをやらされていた

『中曽根康弘が語る戦後日本外交』より

玉音放送後の一九四五（昭和二十）年八月十七日、鈴木貫太郎内閣の後を受けて組閣されたのは東久邇宮稔彦王（ひがしくにのみやなるひこおう）を総理大臣とする内閣だった。日本において皇族が首相となった最初で最後の内閣だ。

この内閣は、軍の武装解除、連合国に対する降伏文書の調印、復員処理など、いわゆる戦後処理に当たったが、ＧＨＱの理不尽な占領政策に抗議して同年十月九日、わずか五十四日で総辞職した。

その東久邇宮内閣の総辞職を受け、元外務大臣で親米派と目されていた幣原喜重郎内閣が成立した。後押ししたのは東久邇宮内閣で外務大臣を務めていた吉田茂だった。

吉田茂は終戦間際に近衛文麿と手を組んで東條英機を失墜させ、降伏工作をしたとして逮捕・投獄された経歴があった。そのためＧＨＱからの信用もあった。

一方、すでに政界を引退していた幣原は当初、首相就任を固辞していた。だが昭和天皇直々（じきじき）の説得にあって首相を引き受けたとされている。吉田はその幣原内閣でも外務大臣に就任した。

こうして誕生した幣原内閣だったが、誰もＧＨＱに反抗できない状況の中で、治安維持法・治安警察法・特別高等警察の廃止や政治犯の釈放、公職追放令の発令、投票権を二十歳以上の男女とした公職選挙法改正などを行う一方、財閥解体や戦犯逮捕などを進めていった。中曽根はそんな状況を忸怩（じくじ）たる思いで見ていた。

　中曽根は当時の心境を次のように語っている。

〈内務省では事務官で、香川県の警務課長の仕事もやり、転勤してからは、東京で警視庁監察官を務めました。地方と東京の両方から、戦争に負けた日本の状況を見ることができたし、治安維持の現場にいたから、民情も察する立場にあった。占領軍が掲げた政策に日本国民はおとなしく従っていたが、その中で、私はＧＨＱの下請けをやらされていたわけです。もちろん、日本国民には愛国心があり、終戦の詔勅通りに我慢していることに感銘を受けた。だがＧＨＱと交渉をしてみて、結局、彼らは占領軍であって、戦勝国の命令が厳として背後にあることは明白だった。だから敗戦国側は従順に我慢しなければならなかった〉（『中曽根康弘が語る戦後日本外交』60ページ）

　中曽根は、ＧＨＱと様々な交渉をするにつけ、「役人のままでは駄目だ、アメリカという国を相手にするには、国民の代表である国会議員でないと言いたいことも言えない」という思いと共に、「このまま独立しないままでは日本は農業国になってしまう」という思いを強くしていたのである。

当然のごとく父・松五郎は中曽根の出馬に大反対した。

だが、中曽根の決意は揺るがなかった。最後は父も納得してくれた。

ちなみに、そのときまで中曽根は妻の蔦子に何ひとつ連絡を入れていなかった。

中曽根は高崎から一枚の葉書を、東京の自宅にいる妻に送った。そこに書かれていたのは「選挙に出るから群馬に来い」というごくごく短い文言だったという。

蔦子にしてみれば、まさに寝耳に水の話だった。そのとき蔦子のお腹には長女の美智子が宿っていたが、蔦子は取るものも取りあえず、まだ一歳だった長男を抱いて群馬へと向かう列車に飛び乗った。

一方、中曽根は、GHQから禁止されていたにもかかわらず、自宅の庭に堂々と日の丸を掲げ、内務省の退職金で買った自転車をペンキで白く塗って選挙活動を開始していた。

また国会議員に立候補するにあたって、中曽根は「青雲塾」を立ち上げた。日本を再興し復興するための思想集団をつくろうと考えたのだ。中曽根は、父から譲ってもらった家屋に「青雲塾」の看板を掲げ、後に次のような宣言文を書いた。

〈洋々たる朝が我等を待っている。この暁の風雪を突破したら、やがて太陽は妖雲を払い燦然たる慈光を万物にあびせるであろう。

昭和の革新、明治の維新、それらを貫く八千万民族の生命力、駸々として進む、脈々として流れる民族の生命力は、何物もこれを阻止することは出来ない。

今こそ我等は敗北民族の悪夢を払い旧日本人と訣別し、日本人の為の新たなる日本と全人類の為の正しき世界平和秩序を打ち樹てるため、歴史の本流を開拓し昭和革新の人柱となることを誓おう。

我等は今や風雪の嵐に向う。嵐よ来れ。敢然として乗り切って、祖国を本然の姿に戻し偉大なる発展の礎を築こう〉(昭和二十九年度青雲塾宣言文)

それにしても、中曽根が青雲塾の宣言文に書いた〝妖雲〟とはいったい何を意味していたのか。彼の頭にあったのは吉田茂の存在だった。

中曽根の目には、吉田がGHQの言いなりになっているようにしか映らなかった。中曽根にはそんな吉田が、絶対に打倒しなければならない、許しがたい存在に思えたのだ。

第二章

戦後政治、激闘の時代

日本は青年国家でなければならない

『青年の理想』より

一九四七（昭和二十二）年四月二十五日、日本国憲法による最初の総選挙となる第二十三回衆議院議員総選挙が行われることとなった。

中曽根はその選挙に民主党から出馬した。民主党は、その年に旧日本進歩党を中核として結成されたばかりの党だったし、中曽根はまったく無名の新人だった。だが、既成の政治家の多くは前述の公職追放で出馬することすらできなくなっていた。つまり選挙枠に隙間ができていたのだ。中曽根にも当選のチャンスがあった。その選挙を前に、中曽根は『青年の理想』（一洋社）を出版したが、その中で次のように書いていた。

〈**日本は青年国家でなければならない。何処の歴史を見ても、国家が伸びて行く時は必ず青年が働いている。**（中略）**現代も偉大な革命期である。是非とも青年が奮起しなければならない、若し青年が万一奮起しなかったならばこの国家躍進の好機は逸せられ日本は老貧国とならなければならない**〉（43～44ページ）

中曽根は「日本の文化や伝統を尊重しつつ自由民主の国民的共同体を、修正資本主義の下に建設しよう」と訴え、六万五千四百八十四票を獲得し群馬県最高得票数で見事当選した。二十八歳だった。

このとき、中曽根のライバルとなる田中角栄も民主党公認で新潟三区から出馬し、三万九千四十三票を集めて当選している。

街角には岡晴夫が歌う「啼(な)くな小鳩よ」が流れていた。だが、日本にはまだまだ戦争の爪痕(つめあと)が色濃く残っていたし、復興も始まったばかりだった。

上野には戦争で親を亡くした子供たちがあふれ、浮浪児狩りが行われていた。また、庶民は明日食べるものにも事欠くほど深刻な食糧難に直面していた。裁判官の山口良忠が闇市の闇米を拒否して食糧管理法で決められた配給食糧のみを食べ続けた結果、栄養失調

最初の選挙で街頭演説する中曽根氏。

で餓死するという事件も起き、大きく取り上げられた。

その一方では、ＧＨＱによる占領政策が着々と進められていった。もはや日本は国家の体を成していなかった。

それに先立つ一九四六年四月二十九日の天皇誕生日には「日本の戦争犯罪人を裁く」として極東国際軍事裁判の起訴状が提出され、五月からいわゆる「東京裁判」が始まっていた。

その判決が下るのは一九四八年十一月四日から同月十二日にかけてのことだが、死刑判決を受けた東条英機をはじめとする七名は同年十二月二十三日に絞首刑に処せられた。

戦時中の「一斉蜂起」「全員出動」のポスターの横に立てられた候補者・中曽根康弘の看板。

この東京裁判は、今ではマッカーサーが勝手に作り上げた裁判で、当時の国際法に照らしても異様な裁判とされている。

中曽根も、当時から「マッカーサーの東京裁判史観は排撃する。あれは勝ったものが負けたものを懲罰した裁判だ」と考えていた。

〈**東京裁判は、要するに勝った者が負けた者をお仕置しているようなものだ。文明の名においてとか、平和の名においてという大義名分が使われているけれども、あれは口実に過ぎない。やはり国際社会は自国のイデオロギーや利害の対立で動いている。だから、正義、不正義の判定は、後世に歴史家がやることで、そう軽々にやれるものではない**〉というわけである（『中曽根康弘が語る戦後外交』79～80ページ）。

当選後、いよいよ国会へ。前列左から４人目が中曽根氏

（吉田茂は）偽似一国平和主義者だった

『天地有情』より

それにしても中曽根の吉田茂評はなかなか手厳しいものである。週刊誌の取材に「吉田茂は過去の亡霊ですよ。お正月のテレビなどではよく出てきますが、アフリカから来たチンパンジーと同じように珍重されているだけなんじゃないですか」と答えたこともあったし、自著『天地有情』の中にも、〈**一見したところ一国平和主義者と思われた。ほんとうは偽似一国平和主義者だった**〉（121ページ）という厳しい言葉を残しているほどだ。

その中曽根も政治家となった当初は、「吉田はたいした政治家だ」と評価していたようだ。「芦田均、犬養健、苦米地義三、重光葵といった先輩も、とてもかなわないと思っていた」とも書いていた。しかし、その気持ちは政治家として吉田を身近に見ているうちに変わっていき、吉田の偉大さがつくりあげられたイメージに過ぎなかったと感じるようになっていった。

ときどきマッカーサー司令部に殴り込むようなポーズを見せたり、紋付き羽織袴に白足袋で国会に出たりというパフォーマンスによって、みんな、吉田はマッカーサーに対してあまり卑屈になっていない、間に入って一生懸命苦労している国士なんだろうと思っていたが、実はマッカーサーの虎の威を借りるところがかなりあった、というのである。

中曽根がそう思った理由は、たとえば、吉田がGHQによる公職追放解除を遅らせたことにあった。

いわゆる「Y項パージ」の問題である。そもそも、公職追放令は、GHQが、GS（民生局）を中心に密かに覚書を作成し、一九四六（昭和二十一）年一月四日に、幣原内閣に発したもので、A．戦争犯罪人。B．陸海軍の職業軍人、C．超国家主義団体等の有力分子、D．大政翼賛会等の政治団体の有力指導者、E．海外の金融機関や開発組織の役員、F．満州・台湾・朝鮮等の占領地の行政長官、G．その他の軍国主義者・超国家主義者、を公職から追放するというものだった。

そのうちG項目がとくに問題だった。G項の「その他」が何を指すのか、あまりにも曖昧だったからだ。

例えば、鳩山一郎のパージについて、「公職適否審査委員会」（委員長美濃部達吉）では鳩山を「非該当」としたが、GS側は、委員会の頭越しに日本政府に対して、鳩山のパージを指示。そのため、鳩山は首相の座を吉田茂に託さざるを得なくなった。

あるいは、石橋湛山の追放の根拠も怪しいものだった。石橋は当時、大蔵大臣として終戦処理費の減額をＧＨＱに要求し、経済政策の見直しを求めたが、それはＧＨＱの占領政策に真っ向から反対するものだった。そこでＧＨＱは、石橋が戦時中に『東洋経済』誌上で軍国主義を主張したという理由をつけて、吉田首相にパージを指示した

さらに、一九四七年四月の戦後二回目の総選挙直前に吉田の「政敵」である芦田均周辺の有力者が次々と追放になった。これは、吉田首相が裏で指示しなければ不可能だと囁(ささや)かれ、この追放を世間は、吉田首相の頭文字のＹをとって「Ｙ項パージ」と呼んだ。

中曽根は次のように記す。

〈占領政策が終わる頃、われわれは、とてもわれわれ青年将校だけでは国を支えられないから、急いで追放解除をやって日本を再建しよう、と思って追放解除運動もやりました。しかし、吉田さんは追放解除をかなり嫌っていましたね。そりゃ、そうでしょ、対抗馬が続々と復活するわけですから。

あの人は、大物のように見えて、意外に大刀を使わないで、短刀を使う、小技を弄するところがありました。そういう性格が、野党との対立の中にしょっちゅう見

え隠れしていました。政敵の追放解除を遅らせたり、鳩山さんに対する約束を反故にしたりした。ある意味では敬意を表していましたが、その反面、虎の威を借る老狐めという気持ちもありました。

まあ、当初自衛権を否定したり「戦力なき軍隊」とか、ああいう安直なレトリックでごまかすことは腹が立って勘弁ならなかったですね。いまでも思いますが、あのとき吉田さんが、国は自分で守れ、米軍は早く帰そう、国家の重要性や日本の在り方、国政責任などについてまっとうな議論をやっていればこれほどまで後遺症は残らなかったと思いますよ〉（『天地有情』120〜121ページ）

加えて中曽根は、戦後の混乱が続く日本で活発化する共産主義運動も大きな危機感を抱いていた。

一九四五年十月には、日本を民主化するというGHQの建前に則り、拘束されていた共産党の徳田球一、宮本顕治らが釈放された。彼らはすぐにGHQに行って「マッカーサー万歳！」と宣言して政治活動を始めたが、当時の左翼活動について、中曽根は大きな危機感を抱いた。

〈内務省にいて、共産主義思想の研究はかなり体系立ててやっていました。そして

結論はといえば、共産主義と、日本の国体や社会構造は相容れないというものでした。しかも、当時の日本の共産主義運動は、ソ連の手下のような動きもしていた。当時、私は、GHQが共産主義をこのまま黙認したままでいるはずはないが、しばらく共産党を使うだろうと見ていました。しかし、私は共産党と闘い、日本の伝統、歴史の源流を大事にしながら、新しい世界へ前進していく政策を採らなければならないと考えていました〉（『中曽根康弘が語る戦後日本外交』64ページ）

かくして中曽根は、「反吉田茂勢力」「反共産勢力」「自主憲法制定」「再軍備」を訴えて、野党である民主党から出馬し、選挙を戦ったのである。

中曽根が国会議員となった第二十三回衆議院議員総選挙で比較第一党となったのは日本社会党だった。そして一九四七年五月二十四日、民主党、国民協同党からも閣僚を出す形で、日本社会党委員長の片山哲を首班とする内閣が誕生した。日本国憲法下で組閣された初めての内閣は〝左〟の内閣だったのだ。

しかし、片山内閣は社会党内の分裂が原因で、一九四八年三月には解散。続いて民主党総裁の芦田均を首班とする内閣が誕生した。その芦田内閣も短命に終わった。復興金融金庫の融資をめぐる昭和電工事件で総辞職に追い込まれ、一九四八年十月十五日には第二次吉田内閣が誕生、以来、一九五四年十二月まで吉田時代が続くこととなった。

中曽根は、その吉田に対し、「国会質問でもよく突っかかった」と振り返っている。

〈**これには狙いがあって、吉田内閣はいうなれば、マッカーサー総司令部の下請けみたいなものだ、吉田さんを国会で攻撃すれば、マッカーサーがそれを知って自分のやっていることのどこがまずいのか理解するはずだ、と私は考えたからです。吉田さんに仮託して、いやでもGHQ司令部が聞くように、意識的に吉田さんを猛烈に攻撃しました**〉(『日本の総理学』29ページ)

中曽根はそう述懐している。

1952 年 1 月 31 日、衆議院予算総会で、野党第一陣代表質問で、吉田茂首相と対峙する中曽根氏。写真下段には「吉田首相より〝防衛隊〟を吐かしむ」というメモ書きが残されている。当時、吉田首相は、憲法九条解釈上、自衛のための戦争や自衛のための戦力ないし実力を有することを否定し、国家防衛権を容認することは有害無益としていた。その吉田首相から〝防衛隊〟という言葉を引き出したことが誇らしかったのだ。

大局さえ失わないなら大いに妥協しなさい

『日本の総理学』より

政治で事を前へ進めるためには妥協も必要、悪魔と手を組むことも必要、いわば「リアリズム」が必要なのだが、ときとしてこれは「一貫していない」、「機を見るに敏」、「風見鶏」などと揶揄（やゆ）される。中曽根の、ときとしての豹変（ひょうへん）ぶりをとくに「風見鶏」と揶揄する者は多かった。しかし、これは中曽根の哲学だったのだ。

明治から昭和にかけて活躍した思想家、徳富蘇峰に中曽根が師事していたことはよく知られている。

中曽根によると、以前から尊敬していた徳富蘇峰が住んでいた熱海伊豆山の晩晴草堂を訪ねたのは、一九五〇（昭和二十五）年前後のことだったが、そこで中曽根は、蘇峰から〝風見鶏のすすめ〟を受けたという。

〈**「大局さえ失わないなら大いに妥協しなさい」という教えがあります。言葉を変えれば、〝風見鶏のすすめ〟でしょうか。この言葉ほど私の人生観を左右したものはありません。以後は、妥協やまとめ役を重要な仕事と思うようになったのです**〉（『日本の総理学』27ページ）

後年、中曽根は、「権力の表舞台に立つためなら手段を選ばなかった」「中曽根は、時には田中と大平、時には三木、時には三木と福田と、手を結ぶ相手を変えながら常に政治の表舞台に立とうとしていた」などと評され、マスコミから揶揄されることになる。

確かに、中曽根は政界入りしたときから首相になることを目標としていたし、権力の階段を上るための手段を選ばなかったと言われている。

話は少々前後するが、一九五五年に自民党が結成されると河野一郎派に所属して、河野の死後には派閥を引き継いだ。しかしその後、対立していた佐藤栄作にうまく取り入って初入閣を果たしたとされる。

さらにその後も、中曽根の政界内での動きは、首尾一貫していないように受け止められる部分が少なくなかった。詳しくは後述するが、佐藤栄作の後継を巡って三木武夫、田中角栄、大平正芳、福田赳夫が争った「三角大福」時代には、四人による自民党内闘争を繰り広げられる中で巧みに手を結ぶ相手を変え、次第に中曽根を加え「三角大福中」とも呼ばれるようになった。

そして佐藤栄作後、日本の首相は田中角栄、三木武夫、福田赳夫、大平正芳、鈴木善幸と移っていったが、最終的に田中角栄の力を得て中曽根が首相になり、一九八二年十一月二十七日から一九八七年十一月六日に至る長期にわたって政権を維持することとなった。

また政権運営に当たっても、前述したように、発足当初こそ田中の意向に沿った内閣を組閣して「田中曽根内閣」などと批判もされたが、田中が一九八五年二月に脳梗塞で倒れると独自色の強い内閣をつくり、首相退任後も、竹下登を後継指名して、自民党における自らの影響力を保ち続けた。

それゆえに「中曽根は定見を持たず、周囲の状況を眺めて、都合のよい側にばかりつく風見鶏」とも評されることとなったわけだが、中曽根自身は悪口ともいえるその呼び方を忌避するようなことはなかったし、一切気にもしなかった。

むしろ、「海軍においては風を見て判断する能力が大切なことであり、そう呼ばれることに誇りを感じる」とも語っている。

ある意味で非常にしたたかであり、なおかつ〝ぶれない〟生き方だといえよう。だからこそ、彼は首相まで上り詰めることができたのだ。

そうした中曽根の政治姿勢の背景には、この徳富蘇峰の教えが確実に生きていたのである。

日本は相応な再軍備をして、
できるだけアメリカ軍を撤退させ、
アメリカ軍基地を縮小しなければならない

『政治と人生─中曽根康弘回顧録』より

一九五〇（昭和二十五）年十月、芦田均の応援演説で京都を訪れた中曽根は、芦田に次のように訴えた。

〈「**日本は相応な再軍備をして、できるだけアメリカ軍を撤退させ、アメリカ軍基地を縮小しなければならない。さもないと日本は、永久に外国軍隊の進駐下にあり、従属国の地位に甘んじなければならないのではないでしょうか**」〉（『政治と人生―中曽根康弘回顧録』１３４ページ）。

その当時、在留アメリカ軍に対して掉(さお)さすような発言をする国会議員はほとんどいなかった。そんな中、中曽根は、大胆にも日本の再軍備の必要性を説いたのである。中曽根は早くから、「講和と同時に米軍基地を日本から撤退させ、有事の際だけ駐留させるようにするべきだ」と考えていた。大きなきっかけは、同年九月、「道徳再武装（ＭＲＡ：Moral Re-Armament）世界大会」に出席した後、西ドイツ、フランス、イギリス、アメリカを視察してきたことにあったようだ。

道徳再武装とは、フランク・ブックマンというアメリカの牧師が提唱した国際的な道徳と精神を標榜(ひょうぼう)する運動で、今でも永続的な平和を構築するための活動を行っている。例えば、第二次世界大戦後の一九五一年にヨーロッパに欧州石炭鉄鋼共同体が誕生して、それが現在のEU（欧州連合）統合へとつながっていったが、その糸口に汎ヨーロッパ運動を始めたリヒャルト・クーデンホーフに加え、ブックマンの仲介があったことが知られている。

その道徳再武装の世界大会に、戦後の一九四九年に片山哲元首相夫妻と毎日新聞記者が世界大会（スイス・コー）に出席、翌年には国会議員七名を含む七十二名が招待された。中曽根もその中にいた。中曽根はそのとき、西ドイツにも足を運んだが、とくに日本と同じ敗戦国だった西ドイツにおいて、西ドイツ軍がNATO（北大西洋条約機構）の一員としてソ連軍と対峙している現場を見て、日本のあり方を改めて考えたようだ。そして、「日本がいつまでもアメリカ軍の世話になっていいわけがない、早く日本も自衛する力を持ち、〝有事駐留、平時非駐留〟という形で同盟条約を結べないものか」と思い至ったのである。

中曽根はその思いを、芦田均に「日本はいつまでもアメリカ軍の使用人でいるべきではない」と書き送っている。しかし同時に、「仮に日本がアメリカに対して平時非駐留・有事駐留方式を提案したとしても、アメリカがそれを受け入れる可能性があるとは思えなかった」とも振り返っている。アメリカはあくまで長期の常時駐留を前提に動いていたし、日本の政治家の中で平時非駐留・有事駐留方式を真剣に考えている者はまだまだ少数派にすぎなかったからだった。そういう意味では、存在感を示すためにアドバルーンを上げただけだという、いじわるな見方もできよう。

しかし、黙っていては何も始まらない。今でこそ、アメリカ軍の沖縄駐留問題などが盛んに報道されるようになっているが、当時の日本では、〝日本にアメリカ軍が駐留しているのは当然のこと〟だった。中曽根は、そんな中、日本の〝独立〟をいち早く唱えていたのである。加えて、現在の日米安保条約を維持するのであれば、「地位協定」の見直しは絶対的に必要だろう。

本土で報じられることは少ないが、いまでも強盗や暴行事件などで検挙される米軍人や軍属、その家族は一年間に三十〜四十人にのぼる。もちろん日本の法律で事件を処理し裁くことは困難だ。沖縄県民は恒常的に「地位協定」で、まるで植民地の感覚を押し付けられ続けているのだ。ドイツなどは米軍基地に対しても、主権をきちんと行使できる協定を結んでいる。中曽根がいう独立は、一足飛びに米軍縮小が不可能としても、「地位協定」からでも現政権は手を付けられるはずだ。

健全なナショナリズム、その基盤となる愛国心こそ戦後の復興に不可欠なものと考えていました

『日本の総理学』より

一九四九（昭和二十四）年十月、民主自由党の総裁となっていた吉田茂が第二次吉田内閣を発足させた。民主自由党は、一九四八年三月に日本社会党との連立政権に反対して離党した元民主党議員からなる民主クラブと、野党だった日本自由党とが合同して結成した党だった。その後、一九五四年の第五次吉田内閣解散まで通算二千二百四十七日（第一次を除く）にわたって吉田時代が続くことになる。一方、中曽根が所属していた民主党は、一九四九年二月に野党派と連立派に分裂。連立派は翌年二月に日本自由党に合流して民主自由党を結成、野党派は一九五〇年四月に国民協同党と合同して国民民主党を結成した。

そんな中、国民民主党の若手として力を伸ばしていた中曽根は、一九五一年一月二十三日、マッカーサーに対して「建白書（Presentation to general MacArthur）」を提出した。

その内容は、当時の日本において絶対的権力をふるっていたマッカーサーに真正面からもの申すものだった。

そもそものきっかけは、一九四五年十一月に、ＧＨＱが平和利用のために開発していた物理学者・仁科芳雄博士のサイクロトロンを品川の沖に沈めたという事実を新聞で読んだことにあった。そのとき中曽根は、「アメリカは日本から科学力を奪い、四等の農業国家にするつもりだと感じた」というのである。

その思いを忘れずにいた中曽根は、一九五〇年、国会議員になって渡米し、民主党のコーナリー外交委員長と共和党のタフト上院議員に会い、マッカーサーの占領政策について聞かれ、「いずれ文書にして送る」と返事をして帰国する。それを受け、中曽根はすぐに二人宛ての文書と共にマッカーサー宛ての建白書をしたため、二人には航空便で送り、その翌日にはマッカーサー司令部に行き、民生局国会・政党担当課長だったウィリアムズに「これをマッカーサーに読ませてくれ」と迫った。

しかしウィリアムズは「占領下の国民がマッカーサー司令部に対してこういう文書を提出することは認めない」と言って受け取らない。そこで、「この手紙はタフトとコーナリーにも航空便で送った」と言ったところ、ウィリアムズは顔色を変えて読み出し、あわててマッカーサーの部屋のほうに持っていったというのだ。

このことは後日、産経新聞が取材して、「マッカーサーはそれを受け取り立って読んだ。読んでいるうちに激怒して破って捨てようとしたが、表紙が厚くて破ることができず、くず紙箱からぴょんと飛び出した」という記事にした。その原文は、今もアメリカのメリーランド大学に保管されているという。

それにしても、なぜマッカーサーは怒ったのか。それは中曽根が「如何(いか)なる聖将といえども、近代国民を五年以上にわたって占領することは不可能である」などとマッカーサーに対する批判を書き並べていたからだ。

そんな文書がタフトとコーナリーに渡って目に触れようものなら、自分の日本における業績に傷がつく。連合軍総司令官としての実績を引っ提げて大統領選挙に出るという野心を抱いていたマッカーサーはそう考え、怒りを露わにしたのだ。

ちなみに中曽根は、その後、日本との講和条約に来たダレス特使にも会って、同じ内容の文書を渡したという。

後年、中曽根は次のように語っている。

〈ダレスが注目をしたのは、講和条約の中で原子力の平和利用と民間航空機の製造保有を禁止しないでくれという項目が入っていることでした。彼は私を見てニヤッとしましたね。それは「お前は日本を近代工業国家にしたいと言うのかね」という意思表示ではないかと私は思いました〉（「日本原子力学会誌」Ｖｏｌ．49、№２ ２００７）

〈マッカーサー総司令部は、軍国主義復活の芽を徹底的につぶそうとし、その中核を形成した過激な国家主義に対する警戒心を緩めませんでした。しかし、私は健全なナショナリズム、その基盤となる愛国心こそ戦後の復興に不可欠なものと考えていました〉（『日本の総理学』31ページ）

中曽根の建白書が功を奏したかどうかはさておき、一九五一年四月、マッカーサーは連合国最高司令官を罷免され、アメリカへと去った。

そして、同年九月八日にはサンフランシスコ講和会議で対日平和条約と日米安全保障条約が締結された。完全とはいえないまでも、日本は主権を取り戻すことになったのだった。

1950年9月から1951年8月にかけて、サンフランシスコ平和条約の締結に向けて日米による交渉が行われた。写真は1951年に撮影されたもの。写真左からウィリアム・ジョセフ・シーボルト駐日政治顧問（連合国軍最高司令官総司令部外交局長)、ジョン・フォスター・ダレス特使、三木武夫氏、中曽根康弘氏、松本俊一氏、苫米地義三氏。

私は安保条約については反対でした

『中曽根康弘が語る戦後日本外交』より

第二次世界大戦終結後、米ソの対立が激化していった。中国大陸では国民党政権と共産党政権による激しい内戦が起き、ソ連の支援を受けた中国共産党政権が大陸部のほとんどを支配して、一九四九年十月には中華人民共和国の建国を宣言した。そうした状況の中、日本と連合国との間の講和条約締結に向けた交渉は混迷を極めることになった。

日本国内では、「アメリカとの単独講和路線」と、ソ連や中華民国（国民党政権）も含む連合国すべてを対象とする「全面講和路線」に意見が分かれた。単独講和路線をとるならば、日本はアメリカとの二国間軍事同盟を締結して、アメリカを中心として自由主義（資本主義）国家陣営に属することになる。ただし、そのためにはアメリカ軍部隊の日本駐留を継続する必要があった。一方、全面講和路線は東西冷戦構造の中で中立の立場をとろうとする立場だった。どちらを選ぶにせよ、日本の将来を決定づけることになる問題であり、国内には賛否両論が渦巻くこととなった。

そんな中、一九五〇年六月、朝鮮戦争が勃発する。ソ連と中国共産党政権が北朝鮮を支援したのに対し、アメリカが南朝鮮（大韓民国）を支援し、朝鮮半島は戦火に包まれることとなった。もし、朝鮮戦争で北が勝つようなことがあれば、日本は共産主義国家と直接対峙することになるばかりか、日本自体が共産国化する可能性もあった。

それを受け、吉田茂はアメリカとの単独講和に向けて秘かに動き始めた。

アメリカと日本の間で講和交渉が始まったのは、一九五一（昭和二十六）年一月のことだった。その交渉の過程で、アメリカは在日米軍を朝鮮半島に投入した場合に備えての予備兵力として、日本軍の再軍備を迫った。吉田はそれを呑み、警察予備隊（後の自衛隊）を発足させることを約束した。そして同年九月八日に、アメリカのサンフランシスコで講和会議が開かれ、「サンフランシスコ平和条約」が調印され、翌年の一九五二年四月二十八日に発効することとなった。

この講和条約について、中曽根は前述のように、「ある程度妥当なもの」と評価していたが、講和条約第三条については忸怩たる思いがあった。そこには、沖縄や小笠原群島が引き続き、アメリカの統治下に置かれることが記されていたからだ。中曽根は、「講和条約を手に入れるために涙を呑んで受け入れた」と語っている。一方、講和条約と同時に締結された「日米安全保障条約」については反対だった。その内容が、「日本は国内へのアメリカ軍駐留の権利を与える。駐留アメリカ軍は、極東アジアの安全に寄与するほか、直接の武力侵攻や外国からの教唆などによる日本国内の内乱などに対しても援助を与えることができる」（第一条）というものだったからだ。彼はこう語っている。

〈**講和条約はある程度妥当だと思っていました。しかし、安保条約は内乱出動条項や、期限が無制限であるという面に独立性が疑われる要素や不平等な点があった。だから、私は安保条約については反対でした**〉（『中曽根康弘が語る戦後日本外交』81ページ）。

だから、中曽根は、十月二十六日の国会で、サンフランシスコ平和条約には賛成票を投じたが、日米安全保障条約の採決には欠席した。だが、その後、日米安保に条件付きで賛成していったのは前述のとおりである。

1952年10月1日投開票の衆議院選挙に出馬したときの中曽根氏（写真中央のたすき掛け）。白い自転車に乗っての選挙活動は、1947年に初めて出馬して以来の伝統だった。

第四章

戦後日本「五五年体制」時代

日ソ共同宣言に承認を与えるものでは断じてない

一九五六年十一月二十七日の衆議院本会議の演説より

保守合同となり、いわゆる五五年体制が確立された一九五六（昭和三十一）年の十月十九日、モスクワにおいて「日ソ共同宣言」が締結された。

戦後、ソ連は西側諸国との対立を深めると共に、一九五五年十二月の段階でも、日本を含む十八か国（ハンガリー、イタリア、ルーマニア、ブルガリア、フィンランドに加え、西側十一か国と東側二か国）の一括国連加盟に拒否権を発動していた。それに対して、日本の国連加盟を自らの重要な政治課題として掲げていた鳩山一郎は、北方領土問題はひとまず置いて、まずは国交を回復した後にソ連からの歯舞群島と色丹島の引き渡しを実現させようと考え、日ソ共同宣言締結を目指したのである。

中曽根もまた、国際社会の中で日本が孤立することを危惧し、ソ連との国交は回復するべきだと考え、次のように考えていた。

①平和と戦争防止＝当時、日ソ間には戦争状態が継続していた。それは世界平和の大きな障害になると同時に、万が一不祥事が起きた場合、ソ連が日本を攻撃する口実を与える恐れがある。

②日本の完全独立＝ソ連と復交することで国際的に完全な独立を果たすことができる。その結果、日本は日本本位の立場で、世界の二大強国である米ソ間で自

由に交渉の相手を選べるようになる。また、それにより、日本の自主性は確立され、国際社会における日本の発言権が強化され、長年にわたる占領下の従属外交の惰性を切断できる。

つまり、中曽根は、日本がソ連と国交を回復することによって、アメリカからの完全な独立の可能性を考えていたのである。もちろん、中曽根が日ソ共同宣言に諸手を挙げて賛成したわけではなかったことは言うまでもない。なにより、北方四島は依然としてソ連の支配下に置かれていたからだ。

そもそもソ連が対日戦に踏み切ったのは、アメリカのルーズベルト、ソ連のスターリン、イギリスのチャーチルの三者で行われたヤルタ会談（一九四五年二月四日～十一日）においてソ連の北方四島の領有が合意されたからだった。そんな密約に拘束される謂れなどないと、中曽根は考えていた。

衆議院本会議で日ソ共同宣言が批准されたのは同年十一月二十七日のことだったが、自由民主党を代表してその日の賛成討論に参加した中曽根は激しいソ連批判を展開した。冒頭、彼はこう切り出した。

〈わが日本は昭和二十六年サンフランシスコ条約の締結によってまず自由世界へのの

扉を開きました。当時国内には全面講和締結のために、サンフランシスコ条約反対の声が上がったが、大多数の国民は、この声に賛成しなかったのであります。それはサンフランシスコ会議においてソ連が日本の独立と主権制限の上に過酷な条件を要求、わが国民を憤激させたからであります〉（一九五六年十一月二十七日の衆議院本会議の演説）

その後、中曽根のソ連批判は約五十分にもわたった。

日ソ共同宣言締結に一定の評価を示しつつも、ソ連がサンフランシスコ会議で、「一・樺太、千島の領有を要求したこと、二・賠償請求をしたこと、三・日本の集団的自衛権を否定したこと、四・日本の陸海空軍の制限を求めたこと、五・日本をめぐる四海峡の非武装化と第三国軍艦の航行制限を要求したこと」を挙げつつ、シベリアに多くの日本人が抑留されていたことを踏まえて、さらに次のように言葉を続けた。

〈日本国民は、正義の支配に随順するがゆえに、日ソ共同宣言に承認を与えるものでは断じてない。現実の力の支配の前に同胞に対する愛情とわが民族の発展を図るために、かくせざるを得ないから止むを得ず承認を与えるのであります。わが国は

十一年前のソ連の突如たる中立条約の侵犯を断じて忘れ去るものではない。ソ連軍が満洲、樺太で行った暴虐行為の数々も民族の記憶から消し去ることはできません。

にもかかわらず、われわれがここに承認を与えようとするのは、息子の帰りを十数年待ちわびる年老いた母の涙を見て、われわれはただただかくせざるを得ないからであります。私はここに、これらの宣言、条約の背後に何百万の英霊と同胞の犠牲が累積されつつあることを思い、静かに頭を垂れ、黙禱をささげつつ承認を与えようと思います〉

衆議院本会議でソ連批判を展開する中曽根氏。1956 年 11 月 27 日。

それに対して社会党や共産党が激しく抗議、結果的に中曽根の発言は議事録からそのほとんどが削除されてしまった。

だがその内容は、中曽根の正力松太郎への働きかけで、読売新聞に全文掲載された。中曽根自身、「読売新聞が載せてくれたから、かえって全国レベルで反響がありました。皮肉なもんだ」と振り返りつつ、こうも語っている。

〈もっとも、いまから思うと、当時は米ソ冷戦のまっただ中でしたから、私の演説の内容はちょっと過激で、「若気の気負いもあった」と同志たちに迷惑をかけたことを反省していますよ。ただ、私の真意は、「共同宣言を無条件に認めるのではなく、国民の中には大きな不満がある」ということを日本だけでなく諸外国にも意思表示しておくことにあったわけです〉（『天地有情』181ページ）

以来、日ソ間では幾度となく北方領土問題が話し合われてきたが、未だに解決の糸口は見出せずにいる。

少々オーバーかもしれないが、もし一九五六年の段階で中曽根があれほど強硬に日ソ間の問題を取り上げていなかったら、北方四島はすっかりロシアの領土になっていたかもしれない。

マック憲法守れとは　マ元帥の下僕なり

「憲法改正の歌」より

一九五六（昭和三十一）年十二月十四日、自民党総裁選が行われた。その際、河野派は岸信介支持を決めていた。しかし中曽根は石橋湛山に票を投じた。

中曽根は「岸が総理になるにはまだ早い」と考えたと振り返っている。選挙の結果は石橋の勝利だった。そして二十三日、鳩山内閣の後を継いで石橋湛山内閣が発足した。

石橋は、以前から中ソとの国交回復を強く主張し続けていた。日本がアメリカの従属から脱却するには、東側との国交回復が必要だと考えていたのだ。だが就任まもなく脳梗塞で倒れ、所信表明演説もできないまま、翌年二月二十五日には退陣することとなった。首相の座にいたのはわずか六十五日間だった。

その事態を受けて首班指名されたのが外務大臣だった岸信介である。現在の日本国総理大臣である安倍晋三の母方の祖父だ。

岸は戦前には東條内閣の閣僚として活躍、戦後はA級戦犯として三年半にわたって巣鴨に拘留されたが、一九四八年十二月二十四日には不起訴のまま無罪釈放された。戦争の最中、東條英機首相に即時停戦講和を求め、その東條内閣を閣内不一致で倒閣した功労者であったことなどが釈放の理由だった。その後、しばらくは公職追放の身となっていたが、鳩山と同じく、サンフランシスコ講和条約後に政界復帰を果たしていた。そして首相となった岸は就任早々訪米してダレス国務長官と会った。日米安全保障条約の改正を働きかけるためだった。

そもそも、一九五一年に締結した日米安全保障条約は、「日本は米軍に基地を提供しなければならないが、米軍に日本防衛の義務はない」という、明らかに〝片務的〟なものだった。岸信介はそれを正し、対等な日米関係を築くことを大きな政治目標としていた。しかしアメリカは当初、そんな動きを無視していた。敗戦国のくせに対等な立場を要求するなど百年早い！ といったところだ。

だが冷戦が激化する中、アメリカは日本を〝対ソ連の最前線基地〟とする必要が生じていた。また、日本経済が戦後復興から経済成長へと移行しつつあったことも、日本に自信を与えていた。

日本の経済成長のきっかけは、一九五〇年六月二十五日に勃発した朝鮮戦争だった。一九五三年七月二十七日に休戦となったが、それまでの間、日本は空前の〝朝鮮特需〟でわいた。一九五六年七月に発表された経済白書に「もはや戦後ではない」という文言が躍ることになるが、日本はめざましい発展を遂げつつあったのだ。

そんな中、中曽根は〝対米奴隷根性からの脱却〟を強く訴えた。また、そのためには憲法を日本人自らの手で改正することも重要だと考えた。だから一九五六年に、衆議院議員在職五期目を迎えた中曽根は、自ら作詞した「憲法改正の歌」を発表した。作曲したのは「父よあなたは強かった」で知られていた明本京静だった。残念ながら、レコードはさほど売れなかったが、その思いがこもった歌詞は、〝青年将校〟の異名を取るにふさわしいものだった。紹介しておこう。

一．嗚呼（ああ）戦いに打ち破れ　敵の軍隊進駐す
平和民主の名の下に　占領憲法強制し
祖国の解体計りたり
時は終戦六か月

二．占領軍は命令す　若（も）しこの憲法用いずば
天皇の地位請け合わず　涙をのんで国民は
国の前途を憂いつつ　マック憲法迎えたり

三．十年の時は永くして　自由は今や還りたり

　我が憲法を打ち立てて　国の礎築くべき
　歴史の責を果たさんと　決意は胸に満ち満てり
四．国を愛する真心を　自らたてて守るべき
　自由と民主平和をば　我が憲法に刻むべき
　原子時代に遅れざる　国の理想を刻まばや
五．この憲法のある限り　無条件降伏つづくなり
　マック憲法守れとは　マ元帥の下僕なり
　祖国の運命拓く者　興国の意気に挙げなばや

「マック憲法守れとは　マ元帥の下僕なり」という五番の歌詞はまさに中曽根の面目躍如たるものだが、その状態は今に続いているともいえよう。

　中曽根は二〇一五（平成二十七）年八月七日に読売新聞に寄せた、終戦七十年寄稿に次のように書いた。

〈28歳の初当選時から憲法改正を訴えてきたが、池田内閣の所得倍増と高度経済成長の前にかき消されていった。やはり、あの戦争による国民の厭戦感と生活向上へ

の強い欲求があり、この意識の壁を破ることは容易なことではなかった。その間、現憲法も国民の間に受け入れられ、自由や民主主義、平等という考えも定着し、今日の日本の繁栄を支える大きな基礎となったことは否定できない。ただ、その過程で見失ったことも多い。やはり歴史や伝統、文化といった日本固有の価値をうたわぬことは、その国の憲法にとって大きな欠落と言うべきだろう〉

中曽根は今になってもなお、新年会や誕生会の席で仲間からリクエストされ、共にこの曲を歌うことがあるという。

二〇世紀後半はイマジニアの時代である

『天地有情』より

一九五八（昭和三十三）年六月十二日、第二次岸内閣がスタートした。そして、一九五九年六月の第二次岸改造内閣のとき、中曽根は初めて国務大臣に就任した。科学技術庁長官としての入閣で、同時に総理府の原子力委員会委員長にも就任した。そのとき中曽根は、当選回数は六回を数え、年齢も四十一歳になっていた。

ライバルである田中角栄が、一九五七年七月の第一次岸改造改革で、戦後初めて三十歳代で郵政大臣に就任していたのに比べてもずいぶん遅れをとっていた。

中曽根は、この大臣就任を、「戦後、一貫して原子力政策を展開、科学技術政策の推進を手がけてきた成果だ」としているが、実はこのとき、岸に人事を任されていた大野伴睦と手打ちをした結果でもあった。

そもそも中曽根が所属していた河野派は、領袖の河野一郎が望んだ幹事長ポストを岸に断られたことから完全に反主流派に転じていた。

また大野は個人的に中曽根を毛嫌いしていた。吉田内閣が倒れる一因となった一九五四年の造船疑獄の際、中曽根は予算委員会で「大野伴睦は賄賂をもらっている。政治生命をかけて言う」などとさんざん大野のことを追及していたからだ。

その中曽根を大野が入閣させるはずもなかった。

そのとき大野の番記者だった読売新聞の渡辺恒雄が仲をとりもち、中曽根は「若気の至りで申し訳ございませんでした」と頭を下げた。

その一手が効いた。話をしているうちに大野は「よし、君を入閣させる。君は将来宰相になる相をしている」と言うまでになったという。

中曽根の策略家としての一面を物語るエピソードである。

もしこのとき大野との手打ちがなければ、その後、中曽根が総理まで上り詰めることはなかったかもしれない。

まあ、それはさておき、科学技術庁長官となった中曽根は、各地で〈「**二〇世紀後半はイマジニアの時代である。ビジョンとテクノロジーを結合できる人間、それがイマジニアである。青年はすべからくイマジニアたれ**」〉（『天地有情』212ページ）と訴え、三回にわたって科学技術庁長官を務め、原子力の他、宇宙開発、生命科学などの門戸を開いていった。

そしてその後、「科学技術立国論」は日本の一つの柱となっていくことになったのである。

第２次岸内閣で初入閣（科学技術庁長官、原子力委員長）を果たし、支度をする中曽根氏。右は蔦子夫人。1959 年 6 月 18 日。　©共同通信社

敗戦以来、列島に溜まっていたナショナリズムのガス抜きが
戦後はじめて行なわれた

『天地有情』より

中曽根が科学技術庁長官になった一九五九（昭和三十四）年の四月十日には、皇太子・明仁親王（今上天皇）と美智子妃のご成婚で日本中がわいたが、その一方で、日本政治は大きな岐路に立つことになった。「安保闘争」の激化である。

岸内閣は、一九五八年頃から片務的な日米安全保障を改正すべく準備を進めていた。しかし、国内世論は大きく分かれていた。

一九六〇年一月十六日に岸首相ら新安保条約調印全権団が羽田を出発した際には全学連（全日本学生自治会総連合）主流派の学生と警官隊が衝突するという騒ぎが起こり、同月十九日の新安保条約が調印後に岸らが帰国すると、その承認をめぐって国会審議は大荒れとなった。

中曽根は、〈**あの猛然たる反対運動が起きた背景には、やはり占領以来の鬱屈したナショナリズムがあったと思います。「左右両方のナショナリズムがあそこで爆発した。敗戦以来、列島に溜まっていたナショナリズムのガス抜きが戦後はじめて行なわれた」という感じがしました**〉（『天地有情』202ページ）と記しているが、当時の状況を振り返ってみよう。

新安保条約で日米共同防衛が明文化されることとなったことに対して、日本社会党を中心とする野党は「そのままでは日本が戦争に巻き込まれることになる」として激しく抵抗した。

さらにそれが学生運動と結びつき、「安保破棄」の動きは激しさを増していった。それに対し、与党はあくまで安保改正を推し進めようとする。そのぶつかり合いは、中曽根がいうように、まさに「左右両方のナショナリズムの爆発」の様相を呈した。

同年五月十九日の衆議院の日米安全保障条約等特別委員会の際、自民党は右翼団体に属する青年などを公設秘書として動員、警官隊と共に社会党議員を排除させるという強行採決を行い、翌二十日には衆議院本会議を通過させた。

本会議では社会党・民社党議員の欠席はもちろん、自民党からも石橋湛山、河野一郎、松村謙三、三木武夫らが欠席あるいは棄権した。

騒ぎはそれだけに留まらなかった。六月十日、アイゼンハワー大統領訪日の日程を協議するためにハガティ大統領報道官が来日した際には、搭乗した車が羽田空港でデモ隊に包囲され、アメリカ海兵隊のヘリコプターでからくも脱出するという事件が発生した。

さらに六月十五日には、都内各所で暴力団と右翼団体がデモ隊を襲撃して多くの重傷者を出した他、機動隊が国会議事堂正門前で大規模なデモ隊と衝突してデモに参加していた東京大学学生の樺美智子が圧死するというできごとも起きた。それを知るや、デモ隊の一部が暴徒化、負傷学生約四百人、逮捕者約二百人、警察官負傷約三百人を数えることとなった。

この日、国会前でデモ活動に参加した人は主催者発表で計三十三万人、警視庁発表では約十三万人となっている。岸はそのとき、首相官邸で実弟の佐藤栄作と死も覚悟したといわれている。また、十五日と十八日には、池田勇人の進言を受け、防衛庁長官だった赤城宗徳に陸上自衛隊の治安出動を要請した。

中曽根はそのとき、政府がもし自衛隊を動かすようなことがあれば、すぐに辞表を出そうと思っていたという。安保闘争が激化し、多くの負傷者を出したばかりか、死者まで出したのは明らかに〝内閣の失策〟だった。その失策をカバーするために自衛隊を使うべきではないと考えていたのだ。

幸い、国家公安委員会委員長の石原幹市郎が反対したのに加え、赤城防衛庁長官も出動要請を拒否したため「自衛隊初の治安維持出動」はなんとか回避された。そして新安保条約は参議院の議決を得ないまま、六月十九日に自然成立、六月二十三日には批准された。

新安保条約が批准された日、岸は混乱の責任を取って辞意を表明した。その直後、岸が暴漢に刺されて重傷を負うというとんでもない事件が起きた。犯人は樺美智子とその父親への同情が動機であると自供したが、大野伴睦の支持者だったことから、岸が首相の座を大野伴睦に禅譲しなかったことも犯行の動機だったのではないかとされた。そして社会が騒然とする中、七月十四日の自民党総裁選で勝利をおさめた池田勇人が後継首班に指名され、七月十九日に池田内閣がスタートした。敗戦後に政界に入った「戦後派」首相第一号の誕生だった。

中曽根は、「それにしても、デモに対して池田さんが『警察官を全国から総動員して徹底的に暴徒を取り締まれ』と機動隊投入を強行したばかりではなく、『あれは国際共産主義の陰謀だから、自衛隊を使え』と強行したことに驚いた」と述懐している。〈**なぜ、ああいう強硬論をとったのか。考えてみると、それで岸さんの命脈を断とうとしたのかも知れません**〉（『天地有情』２１０ページ）というのである。また、池田はそれまで憲法改正を唱えていたが、首相になったとたん「憲法改正はいたしません」と百八十度転換した。

それについて中曽根は、「あれは大平（正芳）君の入れ知恵だったのかも知れない」「政権が成立したとたん、きわめて女性的というか融和的な内閣になった」と指摘して、次のように書いている。

〈**とにかく、池田さんについては、「人間というのは、戦略とはいえ、こうまで変わってもいいものか」という気がしましたね。（中略）そういう意味で、じつに図太い、しかも全方位的な、変わり身の早い人でした**〉（『天地有情』210〜211ページ）

中曽根はそうした歴代総理の姿を間近で見ながら、政治家に求められる〝したたかさ〟を学んでいったのかもしれない。

キル・ザ・タイム(Kill the time)、つまり
時間を殺すことも大切なんですよ

『天地有情』より

池田勇人は「所得倍増計画」を柱に掲げ、一九六〇（昭和三十五）年七月十九日から一九六四年十一月九日にわたって、総理を三期続けて歴任することになったが、日本はこの時期に大きな転換期を迎えていた。

それまでの歴代内閣を振り返ると、吉田内閣＝講和独立、鳩山内閣＝日ソ国交回復、岸内閣＝安保改定と、それぞれ戦後処理を大きな課題としていた。それに対して池田は、「国民の人心を一新するためには経済政策しかない」という姿勢を打ち出していった。

当時の日本はまだ軽工業中心で、欧米先進国と伍していけるようになるなどと考える者はほとんどいなかった。だが池田は貿易自由化を進め、日本を重化学工業の国として高度成長させることを目指した。それは、安保体制下で軍事費を徹底的に抑え、その分国富をひたすら経済発展のために投入するということであり、経済成長中心の「戦後型政治」のスタートを意味していた。

この池田の「所得倍増計画」は見事に成功することになる。政府の強気な成長政策を受けて民間企業は投資を拡大していった。また、国民の間に「日米安保条約も生活を豊かにする効果があるじゃないか」と受け入れられ、国を二分していた安保問題も次第に終息していき、その後の高度成長を生んでいくことになった。

一方、河野派の中曽根は、再び無役の立場に甘んじることとなった。中曽根は、いったんは大臣の座に就いたのだし、国民には圧倒的に人気のある政治家だという自負もあった。実際、世論調査でも首相候補として常に上位に挙げられていた。だから、池田内閣においてもなんらかの役職が与えられる可能性があると思っていたに違いない。しかし、派閥の力学は冷徹だった。そんな話は一切なかった。

そして中曽根と河野の関係は徐々に冷えていった。

一九六〇年八月上旬に業を煮やした河野が新党結成を目論んだ。そのとき、「二十五人は確実に行動を共にする」と力説する河野に、中曽根は「十人かそこらでしょう」と答えた。新党結成は無理だというわけだ。河野は表情を変え、「お前は出ていけ！」と怒鳴ったという。

河野は最終的には自民党に留まり、池田への接近を図っていくことになるが、同じ河野派の稲葉修は、中曽根に対し、「大樹の下に大樹は育たない。中曽根さんはしばらくお遊びだね」と声をかけたという。しばらくおとなしく、河野に尽くせというアドバイスだった。

そして中曽根の〝雌伏の時〟が続くことになった。だが、しおれて手をこまねいていたわけではない。中曽根は独自のネットワークづくりに着手している。

大きなきっかけは、友人であり、当時、朝日新聞の記者をしていた三浦甲子二（後のテレビ朝日社長）からの次のような言葉だった。

「おい、中曽根、天下を狙うなら十年間、役についちゃいかんぞ。その間、若い候補者をどんどん発掘しろ」と言われたのだ。中曽根はその言葉を「自前の派閥をつくれ」という激励だと受け止めた。

また次のようにも述懐する。

〈**石井光次郎さん**（第一次岸内閣時の副総理）**に教わったのですが、キル・ザ・タイム**（Kill the time）、**つまり時間を殺すことも大切なんですよ**〉（『天地有情』214ページ）

「時間を殺す」というより「時間をつぶす」と言ったほうがいいかもしれないが、いずれにしても中曽根はその言葉を胆に銘じた。中曽根が本気で首相の座を目指すようになったのは、実はこの時期からだったのかもしれない。

定見のある風見鶏は悪くない

『自省録――歴史法廷の被告として――』より

無役となった中曽根は、憲法調査会の小委員長に就任した。また、一九六二（昭和三十七）年二月には米司法長官だったロバート・ケネディを招待したり、同年十一月には南極視察に行ったりもした。まさに見聞を広め、自分を支えるネットワークづくりを意識していた。

一九六四年十月二十五日、東京オリンピック閉会式の翌日、池田勇人は退陣を表明し、十一月九日には次期総裁に佐藤栄作を指名した。

当時、自民党の次期総裁は河野一郎か佐藤栄作といわれていた。池田内閣を支持して支えてきたと自負する河野一郎と、「吉田学校」の最優等生である佐藤栄作の一騎打ちだ。いずれが勝っても党が分裂する危険性をはらんでいた。それを避けるための後継指名だったが、その裏には池田の健康問題もからんでいた。

実は、同年九月には池田がかなり進行した喉頭がんであることは判明していたのである。

池田陣営はその事実をひた隠しにして佐藤栄作を後継指名して危機を乗り切った。池田は翌年の八月十三日に死去した。享年六十五だった。

それに続き、一九六五年七月八日には、河野一郎も亡くなった。

河野は、第一次佐藤内閣では副総理格の国務大臣無任所大臣を務めたが、同年六月三日の内閣改造では閣内残留を拒否していた。彼の死はその一か月後のことだった。死因は大動脈瘤破裂、享年六十七だった。

その後、河野派は派閥の長老で河野の親戚にあたる重政誠之を代表幹事にした集団指導体制となった。しかし、一九六六年十二月には分裂することとなった。来るべき総裁選で佐藤栄作の総裁再選を支持するか否かを巡って意見が対立したのが原因だった。

そのとき、重政誠之、森清、園田直ら十八人が佐藤支持で主流派に回ったのに対し、中曽根は佐藤の再選に反対し、桜内義雄や山中貞則ら二十六人で「新政同志会」を結成して、藤山愛一郎を支援することにした。いわゆる「中曽根派」の誕生だった。そのとき中曽根は四十八歳、自民党では最年少の派閥リーダーだった。

実際のところ、藤山に勝ち目はなかった。中曽根もそれを十分にわかっていた。それでも中曽根は反佐藤の立場を貫いた。

なぜ中曽根はそれほど佐藤栄作に反発したのか。

実は佐藤栄作は、一九六四年七月の総裁選に、池田勇人の三選阻止を掲げて出馬したが僅差で敗れていた。

そのとき池田が勝てたのは河野一郎の支持があったからである。その池田は、病に倒れたとき、後継に河野一郎を強く推した。

ところが吉田茂、岸信介、佐藤栄作らがそれに激しく抵抗し、帝大（東大）の卒業でも、官僚出身でもない河野一郎では総理大臣の座は務まらないと主張。結局、池田は佐藤を後継指名したとされる。なんとも激しい争いだったが、その揚げ句、佐藤政権下で河野派は冷遇された。

そんな遺恨があったから、中曽根は反佐藤に回り、負けを覚悟で藤山愛一郎を支持したのである。まさに中曽根の意地だった。

そして総裁選は予想どおり、佐藤栄作の勝利に終わった。翌年二月十七日、第二次佐藤内閣が発足した。

ところが佐藤は思わぬ動きに出た。

総裁選後しばらくして、中曽根の元に一本の電話が入る。電話してきたのは「佐藤派の大番頭」と呼ばれていた保利茂で、「佐藤総理が会いたがっている」というものだった。

そのとき中曽根は、直前の総裁選でやり合ったばかりだったので乗り気ではなかったようだ。しかし保利はわざわざ中曽根のところを訪ね、ぜひ佐藤に会ってほしいと頼んできた。

数日後、中曽根は佐藤の自宅を訪れた。すると羽織袴姿の佐藤が、玄関で中曽根を迎えたという。そのときのことを、中曽根は自著にこう書いている。

〈二階に上がって向かい合い、いろいろ話を始めましたが、佐藤さんは寡黙な人です。そのうち肝心な話を始めるのだろうと、ゆっくり構えていると、やがて居住まいを正して、佐藤さんはこう切り出します。

「沖縄返還には命がけで取り組みたい。ついてはあなたに助けて欲しい。これさえできれば総理などいつ辞めてもいい。沖縄をやるためには、少なくとも保守陣営は一体にならんとまずい。アメリカに対しても力を示す必要があるし、挙党一致の態勢を示す必要がある。だから助けて欲しい」

「ほんとうにやるつもりですか」

「ほんとにやるつもりなんだ。だから、あんたにこうして来てもらって、おれは会っている」〉（『自省録―歴史法廷の被告として―』85ページ）

その佐藤の言葉に中曽根は「あなたが本気になってやると言うのなら、これは国家的問題です。私は野にあっても協力する」と答えたと書いている。

そして、一九六七年十一月、中曽根は第二次佐藤第一次改造内閣で、運輸大臣に就任した。

そもそも運輸大臣の打診があったとき、中曽根は野田武夫を推薦したが、佐藤が頑として受け入れなかった。

また中曽根自身が大臣を引き受けるかどうか、仲間と相談を重ねたが「仲間のために引き受けるべきだ」という声が上がった。

大臣も出せない反主流派では、同志に政務次官や委員長などのポストを用意することもできないじゃないか、というわけだ。また派閥として活動していくためには政治資金を集める必要もあった。そのためにも主流派となる必要があった。

中曽根はそうしたことを検討した上で、「派閥をまとめていくにはやはり大臣ぐらいやっておかないといけないだろう」という判断が働いたと述懐している。

しかしその結果として中曽根は、マスコミから「変節漢」だの「風見鶏」といった非難を浴びることになった。

なにしろ佐藤内閣を「右翼片肺内閣」と呼んでバカにしていた中曽根が大臣の話を受けたのだから、そう取られても仕方のないところではあった。

それでも中曽根は「定見のある風見鶏は悪くない」と意にも介さなかった。

〈そんなことは気にもとめず「燕雀安んぞ鴻鵠の志を知らんや」と嘯いていました。はっきりと、将来、総理を目指すための派閥戦略をもっていたつもりです。派閥のためにポストも確保して、政務次官五人、副幹事長、政調副会長などのポストに人材を送り込むこともできたのですから、何を憂える必要があるでしょう。実際、現実に重要な沖縄問題があったのです〉（『自省録―歴史法廷の被告として―』87ページ）

そうして運輸大臣の座に就いた中曽根は、一九六八年一月十八日に、南海電気鉄道事故（二百九十六名負傷）が起きると「総点検政策」を導入してATS（自動列車停止装置）の設置を進めた他、二月二十一日のえびの地震（マグニチュード六・一）、五月十六日の十勝沖地震（マグニチュード七・九）と大地震が続くと、地震予知十カ年計画をスタートさせるなど、大臣としての職責を果たしていったのである。

自宅庭の植木に水をやる中曽根運輸大臣。1968 年8 月7 日。　© 共同通信社

破壊思想は断固として排除されなければならない

『天地有情』より

一九七〇（昭和四十五）年一月に発足した第三次佐藤内閣では、中曽根は防衛庁長官に就任することになった。当時、防衛庁長官は〝陪食大臣〟というイメージの強いポストだった。内閣の一員に名を連ねてはいるものの、閣内での発言力に乏しく、他の大臣と一緒に弁当を食べるのが仕事だというわけだ。しかし中曽根は敢えてその座を希望した。

〈**日米関係で一番大事なのは安全保障であって、経済摩擦が高じても日米関係が保たれているのは根底のところで安全保障があるからだ。日米関係が悪化したときのギリギリの限界は安保条約にある。その限界を自分で確かめておきたい**〉という思いからだった（『天地有情』250ページ）。

中曽根は、ソニーの盛田昭夫、政治評論家の細川隆元、作家の遠藤周作、佐藤愛子らに参加してもらって「自衛隊を診断する会」を立ち上げた他、「防衛白書」も作らせた。いずれ国民に広く自衛隊のことを知ってもらうのが目的だった。

また、その当時、反戦自衛官も出現して問題となっていた。中曽根はそれをいかに出さないようにするかにも腐心した。自衛官を鼓舞するために、長官訓示を聞かせるようにしたり、ときには演習場に出向いて、現場の隊員と酒を酌み交わしたこともあった。

中曽根は、第四次防衛力整備計画を十月二十一日に発表したが、その直後の十一月二十五日、三島由紀夫が、陸上自衛隊市ヶ谷駐屯地で憲法改正のため自衛隊の決起を呼びかけた後に割腹自殺するという事件が起きた。

中曽根が事件の発生を知らされたのは、天皇陛下を迎えての国会（第六十四回臨時国会）開会式列席後、事務所に帰ってモーニングを脱いでいたときのことだった。陸上幕僚幹部の竹田津護作幕僚副長から、「今、東部方面総監部に暴漢が入って暴れている。どうも三島由紀夫らしい」「益田兼利東部方面総監が人質になっている」という内容の電話が入ったのだ。

中曽根が「全員逮捕し各部隊に動揺が起きないように厳重態勢をとれ」と言うと「それは警察の仕事です」という返事が返ってきた。家宅侵入罪だから警察の仕事であり、自衛隊としては手出しできない。越権行為になるというのだ。

そうしているうちに三島はバルコニーで自衛隊の決起を促す演説をして割腹して自ら命を絶った。そのとき中曽根は全軍に布告を出すことを考えたという。

中曽根の脳裏を、二・二六事件の際、事態の収拾に時間がかかり、結果的に軍国主義を増幅させた歴史がよぎった。だから隊員たちの間から三島に同情する声が上がることを危惧したのだ。

しかしその心配は無用だった。隊員たちは落ち着いていた。事件終息後の十二時三十分から中曽根は防衛庁で記者会見を開き、「全く遺憾なことだ。常軌を逸した行動と言う他なく、せっかく日本国民が築きあげてきた民主的な秩序を崩すものだ。世の中にとってまったく迷惑だ」とした。

また、

〈**当時、防衛大学の学長をしていた猪木正道さんに頼んで、「独断に基づいて自衛隊を特定の政治目的に利用しようとする考えは、自衛隊を私兵化しようとするものに他ならない。その動機がいかに純粋なものであっても、またその行動が生命を賭けたものであっても、こうした破壊思想は断固として排除されなければならない」という趣旨の一文を書いてもらって、「朝雲」という自衛隊の機関紙に載せました**〉

（『天地有情』260ページ）

と述懐している。

国際条約で、日本を非核国家と規定するのが果たしていいのか

『中曽根康弘が語る戦後日本外交』より

一九七〇（昭和四十五）年六月、安保条約の期限が切れたが、六〇年安保騒動に比べるとそれほど大きな騒ぎが起きることもなく自動延長された。そんな中、中曽根はアメリカの変化を注視していた。一九六九年一月、アメリカではニクソンが新大統領に就任したが、そのニクソンは同年七月に、アジア諸国に向け、「ニクソン・ドクトリン」を表明していたからである。

ニクソン・ドクトリンは、①アメリカが同盟国の条約上の約束は守る、②アメリカや同盟国の安全保障に深く関与する国が核の脅威にさらされた場合、アメリカが核の傘を提供する、③同盟国が核以外の脅威にさらされた場合、アメリカは条約上の取り決めにしたがって要請を受ければ軍事的、経済的支援を行うが、国土防衛の責任はその同盟国自体にあることを原則とするというものだった。

第二次世界大戦後、世界に軍隊を派遣していたアメリカだったが、当時のアメリカは経済の深刻な落ち込みに加え、ベトナム戦争の泥沼化による軍事費の増大に苦しむようになっていた。そこで、海外、とくにアジアの国に対して、もう負担に耐えられないから、多少はそれぞれの国で防衛力を高めてくれ、と求めたわけだ。

もとより、中曽根は米軍の日本からの撤退は当然のことであり、その実現を待ち望んでいた。しかし、それと同時に在日米軍がまだまだ必要だという認識だった。当時の日本にとってソ連の脅威は極めて現実的なものだったからだ。中曽根は、ソ連が樺太から北海道を狙ってくる可能性もあると強い危機感を持っていたし、米軍が必要以上に撤退することでソ連と日本の間に兵力の空白ができることは絶対に避けなければならないと考えていた。

かといって、日本が正面切って軍備を整備する状況にもなかった。だから中曽根は、同年十二月に行われた第十二回日米安保協議委員会で、「アメリカの軍事的、経済的支援の削減が慎重に実行されないと、軍事バランスが共産主義勢力に有利に傾いてしまう」と懸念を表明していた。

このニクソン・ドクトリンに関連して浮上してきたのが〝核の問題〟だった。

当時、世界では「核拡散」が大きな課題となっていた。一九六三年には、国連で「兵器の拡散の防止」が決議されたのを受け、一九六八年には、アメリカ・イギリス・ソ連の三国と五十六か国で「核兵器の不拡散に関する条約」（核拡散防止条約）が調印され、一九七〇年には発効した。しかし中曽根は、その核拡散防止条約の批准に慎重だった。実際、日本は核拡散防止条約に一九七〇年二月に署名したものの、批准したのは一九七六年六月のことである。なぜ、日本が核拡散防止条約を批准するのにそれほど時間がかかったのか。中曽根は当時の状況を次のように記している。

〈国際条約で、日本を非核国家と規定するのが果たしていいのか、国策として世界に宣明しておくことは有効だが、条約で自国に制約を課すことには疑問を持った。だから、批准には六年かかっている。日本が自由意志で核開発を選ぶことができるのと、国際的に条約で縛られるのでは、意味が異なります。（中略）周囲からは、日本は大国になれば核を持つ、また持ちたがるだろうと思われていました。国際的に日本の行動に理解を得るためには、自ら方向を決めなくてはならん。非核三原則の承認、それから、核拡散防止条約を承認して制限を受ける。そういう順番で進めていくということだった。だから、非核条約にサインするまでには、国民的コンセンサスを得る必要がある。充分な時間をかけなければならないという認識でした〉（『中曽根康弘が語る戦後日本外交』214～215ページ）

今でこそ、日本は「非核三原則」を国の基本方針とし、国民もそれを当然のことと受け取っている。しかし、米ソ対立の狭間（はざま）に置かれていた当時、日本は核を持つべきか否かの選択を迫られたのである。

中曽根は、「核拡散防止条約を承認するにしても、日本はいざという場合には核開発能力を有していることを実証したうえで、それを自制して非核という方針を打ち出す形にするべきだ」と考えていた。実際、中曽根は防衛庁長官時代に核武装の可能性について具体的に研究させ、「約二千億円、五年以内で核開発できる」という試算を受け取っていた。

さらにその上で中曽根は、「非核中流国家」論を唱えた。〝中流〟としたのは、世界的に、小粒ではなく、中クラスであるといっておけば安全だし、アジアの国へも印象がいいと考えたからだったという。

現在、日本の安全保障を論ずるとき、アメリカの核の傘の下にあるということが当然の前提になっているし、世界唯一の被爆国である日本の国民自身が日本独自で核武装することなど想定もしていない。その道筋が作られたのが、まさにこの時代だったのである。

1971 年、中曽根氏は第 3 次佐藤内閣改造内閣で自民党総務会長となる、写真はその前年に撮られたものだ。

日中国交回復は田中君がよろこんでやったと
思っている人が多いのですが、
そうじゃなかった

（『天地有情』より

一九七一（昭和四十六）年七月の佐藤内閣改造時に、中曽根は自民党総務会長になった。その佐藤内閣は最終的には戦後最長となる七年八か月の政権となったが、六年を超えた頃から求心力も薄れていった。一九七二年六月十五日には内閣不信任案が出された。それは否決されたが、佐藤は国会後の六月十七日、自民党両院議員総会で内閣総理大臣及び総裁を辞することを明らかにした。そこでポスト佐藤を争ったのが、通商産業大臣だった田中角栄と外務大臣だった福田赳夫だった。いわゆる「角福戦争」の始まりだった。

佐藤は当初、兄・岸信介の派閥を引き継いでいた福田赳夫を後継に立てようと考えていた。しかし、閣内で重要ポストを歴任して、着々と多数派工作を進めていた田中も十分な力を蓄えていた。その二人を前にした佐藤は「どちらが勝っても喧嘩はするな」と諭したとされる。つまり、総裁選の第一回投票で一位になったものが過半数を取れなくても総裁になって、二位以下は譲れということである。

田中も福田もいったんはそれに同意していた。ところが総裁選直前に田中は佐藤を訪ねて、総裁選直前、「あの話はなかったことにしてくれ」と言い始め、約束を反故にした。このときキャスティングボードを握ったのが中曽根だった。当初は総裁選に出馬する意向を示していた中曽根だったが、田中支持に回った。

いったいなぜか。そこには折から大きな政治課題となりつつあった日中国交回復があった。

実は中曽根が総務会長になった直後の国連総会（一九七一年十月二十五日）で、中国の国連復帰が決定し、台湾（中華民国）が国連から脱退していた。また、一九七二年二月二十一日には米国のニクソン大統領が中国を訪問し、毛沢東共産党主席や周恩来総理と会談した。いわば頭越しのこの米中接近は、日本に大きな衝撃を与えていた。そんな中、中曽根は師として尊敬する松村謙三や高碕達之助らが一九五〇年代から継いできた中国との関係からも、日中国交のタイミングをはかっていた。そして「そうなった以上、いよいよ日本は中国と国交を開く道を模索すべき時期を迎えている。しかし福田は台湾派の岸信介の子分だから日中国交回復はなかなか進まない。一方、田中は環境さえ整えば日中国交回復に踏み切るだろう」と考え、田中支持を選択したのだ。中曽根はそのときのことを次のように書き残している。

〈煮詰まった段階で、「自分は立候補しないから日中国交回復をやりなさい。三木武夫君と大平正芳君と三人で、日中回復をやらなきゃ応援しないよ」と田中君に突き

つけた。それで田中君はいやいやながらやるといったわけですよ。日中国交回復は田中君がよろこんでやったと思っている人が多いのですが、そうじゃなかった〉(『天地有情』266ページ)

総裁選には田中、福田、大平、三木の四人が出馬した。獲得票数は各々(おのおの)百五十六、百五十、百一、六十九。その結果、田中と福田の決選投票になり、田中二百八十二票、福田百九十票で田中が佐藤の後継者となった。

佐藤は後任が田中角栄に決まった後の七月七日に内閣総辞職、同日、田中角栄内閣が発足した。こうして角福戦争で勝利をおさめた田中は大喜びして、中曽根に「いずれ恩は返す」と言ったという。その約束は十年後、中曽根が自民党総裁になるときに果たされることになるのである。

そして一九七二年九月二十九日、北京で日中共同声明(日本国政府と中華人民共和国政府の共同声明)が発表されることとなった。署名したのは田中角栄首相と周恩来首相だった。

彼は陸軍、おれは海軍。
そんな意識もあってか、他の同期生や代議士に比べて、
田中君には敬意を表していました

『自省録―歴史法廷の被告として―』より

一九七三（昭和四十八）年一月十八日、中曽根は中国を訪問、周恩来と会談した。会談は三回計八時間にも及んだ。通産大臣という立場の訪中だったが、貿易や経済のことではなく、もっぱら日中連携の世界的な安全保障戦略について腹蔵なく話し合ったという。現在の日中関係からはとても想像もできないが、日本と中国の関係が最も近づいた時機だったといえよう。

それにしても、時代は大きく変わっていた。第一次佐藤内閣ができた当時はまだ、河野一郎、池田勇人、大野伴睦など、自民党創設以来の錚々たる大物が揃っていた。だか、いつしか田中、大平などを中心とした次世代の時代になっていた。中曽根はその当時の状況をどう見ていたのか……彼の言葉を引用しよう。

〈**大平君は池田さんの跡を継いだとはいっても、前尾繁三郎さんが継いだのを、大平君が反逆して奪い取ったわけです。田中君にしても、佐藤派を戦い取ったようなものでしょう。だから、みんな創業者的要素をもっていたわけですよ。人間の幅なり、苦労なり、重さがありました。人を惹きつけるものを修練で得ている**〉（『天地有情』２６８ページ）

その中でも田中については、〈**衆議院議員同期生でしたし、お互いに競争相手とし**

て意識していました。彼は陸軍、おれは海軍。そんな意識もあってか、他の同期生や代議士に比べて、田中君には敬意を表していました〉と記している（『自省録―歴史法廷の被告として―』94ページ）。その田中内閣で中曽根は通商産業大臣と科学技術庁長官を兼任することになった。

翌年の一九七三年秋、日本は第四次中東戦争をきっかけとしたオイル・ショックに見舞われた。ペルシャ湾岸の石油産油国六か国が石油価格を二十一％上げ、ＯＡＰＥＣ（アラブ石油輸出国機構）がイスラエルを支持するアラブ非友好国に対して、五％の石油輸出削減を決めたからだった。

そのままでは、年が明けた一九七四年三月には立ち行かなくなるのが目に見えていた。中曽根は、折から「今からサウジアラビアに行く」と訪ねてきた水野惣平（当時、アラビア石油社長）に、ファイサル国王宛ての親書を託した。

〈**「わが国が苦しむのは、ある程度仕方ないが、石油が来ないと、インドネシアやインドなど途上国向けの肥料生産が止まってしまう。すると途上国の国民が餓死するのではないか。だからその分の石油だけでも按配（あんばい）してもらえないか」という内容だった**〉（『自省録―歴史法廷の被告として―』１０２〜１０３ページ）。

その水野がファイサルの「日本が親アラブ政策に転換することを声明文で表明すれば、直ちに友好国と認めて石油供給量を増やす」という言質を取って帰ってきた。中曽根はすぐさま田中首相に連絡したうえで大平外相を説得して、イスラエル兵力の全占領地からの撤退の支持とパレスチナへの自治権付与という親アラブの政策への転換を入れた談話を準備した。その談話は十一月二十二日に二階堂進官房長官の談話として発表された。

それを受け、アラブ諸国の日本への石油供給増量を決定。十二月二十日頃になると、タンカーが日本にどんどん入ってきた。消費者物価指数が二十三％も上昇し、「狂乱物価」という言葉も生まれたほどだったが、やがてそれも沈静化していった。

幹事長で成功するかどうかというのは、
将来、総裁になれるかどうかの試金石でもある

『天地有情』より

一九七四（昭和四十九）年十月九日に発売された月刊誌「文藝春秋」十一月号に立花隆による「田中角栄研究〜その金脈と人脈」が発表され、大きな注目を集めると同時に、田中の支持率は急落していった。そのとき中曽根は「自分と大平君は、絶対、田中君を守っていくという考えでいた」という。

田中はその事態を内閣改造で乗り切ろうとした。しかし野党の金脈問題追及は激しさを増し、国民の支持率も急落していった。

そこで田中に代わる総裁候補として名前が挙がったのが、大平正芳と福田赳夫だった。

しかし総裁公選を強行すれば田中派・大平派が推す大平と福田派が推す福田が激突するのは必至で、最悪の場合、自民党が分裂する可能性もあった。

そんな中、自民党の副総裁で、中間派である椎名派の領袖だった椎名悦三郎を総裁とする暫定政権構想も出てきた。

当初、椎名はそれを否定しなかったが、同年十一月三十日の自民党本部での会合で自分を総裁候補から除外するとし、総裁候補を大平正芳、福田赳夫、三木武夫、中曽根康弘の四人とした。そしてそのうえで、翌日の十二月一日自民党本部の総裁室に福田、大平、中曽根を呼び、「すでに議論は出尽くした」として、新総裁に三木武夫を推挙した。

少数派の三木の名が挙がったことに世間は驚き、「椎名裁定」と呼んだ。

椎名にしてみれば、「福田を推せば大角連合（大平派と田中派）が離反する。そうかといって大平を推せば福田派議員が脱党も辞さないだろう。そうなれば政局は大混乱に陥る」と考えたのだろう。

また中曽根は五十六歳とまだ若く、将来があった。

さらに、金権問題で倒れた田中

1974年、中曽根氏はついに総裁選への出馬を表明した。しかし、このときには「椎名裁定」で三木武夫氏の総裁就任が決まった。

の後はクリーンなイメージの三木を持ってきたほうが自民党にとってはいいだろうという判断も働いたに違いない。

いずれにせよ、いろいろ考えた結果、残ったのが三木だったということである。十二月四日には三木は自由民主党第七代総裁に選任され、十二月九日、田中内閣は総辞職し、三木内閣が発足、中曽根は自民党の幹事長に就任した。

幹事長職はある意味で党運営を一手に引き受ける立場である。

中曽根は幹事長を引き受けるにあたって、〈**幹事長で成功するかどうかというのは、将来、総裁になれるかどうかの試金石でもあるわけで、だから、忠誠を誓うということも忘れてはならないこと**〉と考えていたと述懐している（『天地有情』２９６ページ）。

総裁候補の一角に名前が挙がるまで、中曽根は着実に力をつけていた。中曽根はさらに高みを目指していくことになる。

（ロッキード事件は）
法治国家として疑問の残る事件だった

『自省録——歴史法廷の被告として——』より

一九七六（昭和五十一）年、政界はロッキード事件で揺れに揺れることとなった。

ことの起こりは、同年二月に、アメリカ議会上院で行われた外交委員会多国籍企業小委員会（チャーチ委員会）の公聴会だった。そこでロッキード社が世界各国の航空会社に売り込むため、各国政府関係者に巨額の賄賂をばら撒いていたことが明らかにされたのだ。その疑惑の中心にいたのが、当時総理大臣の座にいた田中角栄だった。そして、同年七月二十七日には、検察は田中角栄元首相を外為法違反・受託収賄容疑で逮捕した。

田中はあくまで無実を主張したが、公判は一九七七年一月二十七日に東京地方裁判所で開始され、一九八三年十月十二日には、懲役四年、追徴金五億円の有罪判決が下った。この第一審判決を受けて国会が紛糾し、衆議院解散のきっかけとなった（田中判決解散）。

田中は、「判決は極めて遺憾。生ある限り国会議員として職務を遂行する」として控訴した。だが一九八七年七月二十九日に控訴棄却となり、上告審の最中の一九九三年十二月十六日に死去、公訴は棄却となり、審理は打ち切りとなった。

この一連の騒動の中、一時、児玉誉士夫の書生を自宅に住まわせていた中曽根にも疑惑の目が向けられた。防衛庁長官だったときには自衛隊の次期戦闘機を国産にすべきと主張していたのに、通産大臣のときにはアメリカから購入することには反対しなかったことも、何か裏があるのではないかと疑われる原因となった。

だが、アメリカからの購入を決定する国防会議は防衛庁長官が取り仕切って大蔵省とまとめるものであり、交渉の結果、まとまって提出された案を直接扱っていない通産大臣が反対できるものでもなかった。

このロッキード問題は様々な疑惑を残したまま幕が引かれたが、後年、中曽根は、前述した一九七三年の石油をめぐる問題が田中角栄の政治生命に暗い影を落とすことになったのではないかと述懐している。

〈オイル・ショックの前後、田中君は日本独自の石油開発に積極的な姿勢を表わし、アラブ諸国から日本が直（じか）に買い付けてくる「日の丸原油」にも色気を見せたのです。これが、アメリカの石油メジャーを刺激したことは間違いありません。

さらに彼はヨーロッパに行った時、イギリスの北海油田からも日本に原油を入れたいと発言。また、ソ連のムルマンスクの天然ガスにも関心を示すなど、独自の資源取得外交を展開しようとしました。これが結果として、アメリカの虎の尾を踏む

ことになったのではないかと思います。世界を支配している石油メジャーの力は絶大です。このことが淵源となり、間接的に影響して「ロッキード事件」が惹き起こされたのではないかと想像するところがあります。

ずいぶん経ってから、キッシンジャーとハワイで会った時に、彼は「ロッキード事件は間違いだった」と密かに私に言ったことがあります。キッシンジャーは事件の真相について、かなり知っていた様子です〉(『自省録』104ページ)

そしてロッキード事件を「不幸な事件であると同時に、司法処理も、法治国家という点から見て疑問の残る事件だった」とし、司法が世論に押されて、「法の番人」が揺らいだと指摘している。

材木屋の次男に生まれた地金通りにやれば、
捨てるものもなければ心配することもない

『天地有情』より

前述したように、「椎名裁定」の結果誕生した三木内閣だったが、成立直後から自民党内で起きた倒閣の動き、いわゆる「三木おろし」と立ち向かわなければならなかった。

一九七六（昭和五十一）年六月には、衆議院議員の河野洋平、田川誠一、西岡武夫、山口敏夫、小林正巳と、参議院議員の有田一寿らが「自民党の歴史的役割は終わった」として自民党を飛び出して新自由クラブを結成した。

自民党内部も大きく割れた。逮捕されていた田中角栄が八月十七日に保釈されると、二日後の十九日には、椎名悦三郎、保利茂、船田中の三長老と、大平派の鈴木善幸、福田派の園田直、田中派の二階堂進、江崎真澄らを中心にして、反主流六派（田中派・大平派・福田派・船田派・水田派・椎名派）の自民党議員二百七十七人による「挙党体制確立協議会」（挙党協）が結成された。つまり、三木政権を支えていたのは、三木派と中曽根派だけとなったのだ。

三木内閣は次第に追い込まれていった。九月十日の臨時閣議の場で、三木は臨時国会召集のための閣僚署名を要求した。臨時国会を開いて衆議院を解散に持ち込むのが目的だった。だが二十人中十五人が反対した。その結果、三木は内閣総辞職か、閣僚を罷免して三木自らが兼任して解散をぶつしかない状況に追い込まれた。そのままいけば、自民党が壊れてしまう恐れがあった。そのとき中曽根は、「自分が幹事長をしているときに自民党が分裂したと歴史に残されることだけは絶対に回避したいと考えていた」という。

翌十一日の早朝、中曽根は大平正芳と会い、大平が挙党協を抑え、中曽根は三木に言うことを聞かせるということで、なんとか解散しない方向で話をつけた。そしてその日の午後、総理官邸の総理の部屋で、三木武夫、船田中、保利茂、そして中曽根の四人で話し合い、国会召集、解散回避という道筋をつけた。中曽根は責任をとって幹事長の座を降りた。後を引き継いだのは内田常雄だった。そのとき中曽根は「ここが引き際だ」と思ったという。それが彼の美学だった。

「これだけの大仕事を背負って、とにかく党の分裂の危機は救った。将来のことを考えれば、ここは潔く身を引いた方があとで生きる」と考えたと述懐している。

また、そのとき、中曽根にとって一番の慰めの言葉になったのは、政界の黒幕的存在として知られていた四元義隆の次のような言葉だったという。

〈四元義隆さんが「中曽根さん、あんたは国家の大事な仕事をやっているんだから

地金でいけ」といってくれたことですよ。あ、そうか、地金でいけばいいんだなと思いましたよ。やれ幹事長だとか、大臣を何回やったとか、そんなくだらないものはない、材木屋の次男に生まれた地金通りにやれば、捨てるものもなければ心配することもない、それ以上のものでもなければそれ以下のものでもない、そういうことを教えられましたね〉（『天地有情』312ページ）

その四元の言葉を聞いたとき、中曽根は「スーッと気分が安らぎ自由な心境になったし、一生忘れられない言葉になった」と述懐している。

高崎中学に入学した12歳頃の中曽根氏。彼の政治家としての生き方の根底には〝材木屋の次男〟として生まれた誇りがあった。

ほんとうの世論を見つけ出してこないと
政治家として貧相になってしまう

『天地有情』より

三木内閣は一九七六（昭和五十一）年十二月二十四日の任期満了をもって衆議院を解散することとなった。衆議院の任期満了による解散は戦後初めてのことだった。それに伴う第三十四回衆議院議員総選挙は十二月五日に行われた。「ロッキード選挙」と呼ばれたこの選挙で自民党は敗北し、公認候補の当選者数が衆議院での過半数を割った。その選挙で中曽根も苦しい戦いを強いられたが、最下位ながらなんとか当選を果たした。

第六十七代の内閣総理大臣となったのは福田赳夫だった。総裁選で他の立候補者がなかったため両院議員総会での話し合いにより総裁に選出された。

それから一年ほど、中曽根はなんの役職にもつかなかった。佐藤内閣で運輸大臣になって以来、常に要職についていたが、**〈もう一度無冠に戻って、野を回って国民の中からほんとうの世論を見つけ出してこないと政治家として貧相になってしまう、あまり官にこだわり、あるいは公の地位にばかり胡座（あぐら）をかいていてはいけない〉**という思いがあったからだった（『天地有情』３１７ページ）。

もう明治時代生まれのお年寄りが総理総裁をやるべき時代ではない

一九七八年十一月二十六日の自民党総裁予備選立候補時の言葉より

ところで福田内閣誕生の裏にはある密約があった。福田と大平の間で、大平が福田を総理総裁に推挙する条件として、福田は大平を幹事長にして党務を委ね、総裁任期をそれまでの三年から二年にするという「大福密約」が交わされていたのである。

総裁任期を二年にするということは、福田が二年後には大平に総理総裁の座を禅譲するという意味である。ところが、福田はその約束を反故にする。

一九七八（昭和五十三）年十一月には、総裁予備選が行われることになった。そんな中、九月はじめ頃に大平から連絡を受けた中曽根は、ホテルオークラで大平と二人だけで会ったが、その席で大平は、福田が約束に反していると怒りをにじませた。福田は「自分は再選なんて考えていない」と言っていたにもかかわらず、「立候補する」と言い出したというのである。

そのとき、大平の口から「自分は立候補する」という言葉は出たものの、中曽根に対して「自分を支持してくれ」という話は一切なかったという。

中曽根は、なぜ大平がそんな内輪話をするのか不思議に思ったというが、「あれは、自分を信頼してくれたからであり、中曽根・福田連合でやられたらとてもかなわないから、私にも立候補してくれという意味だったのかもしれない」と振り返っている。

そして中曽根は、同年十一月二十六日の自民党総裁予備選挙に、「もう明治時代生まれのお年寄りが総理総裁をやるべき時代ではない」と立候補した。もちろん、当選する可能性はほとんどなかったが、将来、総理総裁を目指すためには存在感を示す必要があった。

このとき立候補したのは大平正芳、福田赳夫、中曽根康弘、河本敏夫の四人だった。当初は福田有利と見られていた。しかし結果は、大平正芳七百四十八点、福田赳夫六百三十八点、中曽根康弘九十三点、河本敏夫四十六点と、大差をつけての大平の勝利だった。その裏には田中派の全面的な支援があった。

そして十二月七日、大平内閣はスタートした。中曽根は大平から何か役職についてくれないかと言われたが、「幹事長ならいいよ、それがダメなら大蔵かな」と冗談交じりに答え、結局役職につくことはなかった。

政権をスタートさせた大平は「一般消費税」導入を目指した。それには次のような理由があった。

一九七三年、第一次オイル・ショックが起き、日本の高度成長は終止符を打つこととなった。翌年には戦後初めてのマイナス成長を記録、大幅な歳入減で財政も赤字となった。そのため、三木内閣は一九七五年十二月には財政法で禁じられていた赤字国債（二兆三千億円）の発行に踏み切った。二〇一五（平成二十七）年度末時点で日本の借金は一千四十九兆三千六百六十一億円にも上るが、そのスタートはここに始まったのだ。

大平はその当時、大蔵大臣を務めていたが、この赤字国債発行には強い責任を感じて「子孫に赤字国債のツケを残すようなことがあってはならない」と考えていた。だから首相就任後は日本の税体系を間接税主体にするべく、「一般消費税導入」を打ち出し、一九七九年一月には閣議決定もしていた。歴史に〝もし〟はあり得ないが、このとき消費税導入に踏み切っていたら、今ほど赤字国債が問題となることはなかったかもしれない。それはさておき、その当時、消費税導入に対する国民の理解はなかなか得られなかった。

同年九月七日、社公民が内閣不信任案を提出したのに対し、大平は衆議院を解散した。当時、自民党の支持率も上がっており、選挙しても勝てるだろうという判断だった。そのとき中曽根は、「負ける可能性が大きい、今はまずい」と解散に反対した。それでも大平は強引に衆議院解散に踏み切った。

選挙中に消費税導入断念も表明したが逆風は止まらなかった。そして十月七日に行われた第三十五回衆議院議員総選挙で、自民党は改選数五百十一のうち二百四十八議席しか獲得できず、過半数を割るという大敗を喫した。

すぐに大平の責任を問う声が上がった。しかし大平は田中派の力をバックに続投を表明する。それに対し、福田派、三木派をはじめとする反主流派は反発、離党や新党結成も辞さない姿勢

大平正芳総裁と話し込む中曽根氏。撮影されたのは 1979 年。

を示した。

そのとき中曽根は、なんとか自民党分裂を避けようと、副総裁をしていた西村英一に調停を頼んでいる。党内の結束と融和を第一に考え、ここはとにかく大平さんに謝罪させて、大平内閣をしばらく続けさせようと思っていたのだ。しかし三木も福田も、そして大平も折れようとはしなかった。大平の口からは「辞めろということは、死ねということと同じだ」という言葉が飛び出したほどだった。

続いて「党機関によって首相候補を指名する」という案が示されたが、その案も首相候補を決定する党機関を主流派が多数を占める両院委員会とするか、反主流派が多数を占める代議士会とするかで紛糾した。そして反主流派が両院委員会の開催を阻止しようと党ホールをバリケード封鎖する中、主流派はそのバリケードをむりやり突破して大平を首相候補とすることを決定、反主流派は「自民党をよくする会」で福田を指名した。

結局、十一月六日に行われた国会での内閣総理大臣指名選挙は大平と福田で争われた。中曽根派は福田支持に回った、決戦投票の結果、新自由クラブなどからの票も得た大平が勝ち、十一月九日に第二次大平内閣を発足させた。これが自民党史上最大の危機ともいわれた「四十日抗争」だった。

それから約半年後の一九八〇年五月十六日、浜田幸一衆議院議員のラスベガス・カジノ疑惑や日本鉄道建設公団の不正経理事件などを理由として、社会党の飛鳥田一雄委員長が、衆議院に大平内閣不信任決議案を提出したが、三木派、福田派、中川グループなどの反主流派議員六十九人が本会議を欠席、内閣不信任決議案は賛成二百四十三票・反対百八十七票で可決された。

そのとき中曽根派は本会議に出席、反対票を投じた。中曽根としては「社会党が出した不信任案なんだから、みんなで内閣を守らなければならない。それが憲政の常道じゃないか」と考え、その主張を通した形だった。

可決後、大平は即座に内閣総辞職ではなく衆議院を解散することを表明し、五月十九日に衆議院は解散となった。なおこの解散は「ハプニング解散」と呼ばれた。なにしろ野党は不信任案が可決されることなど予測していなかったし、自民党内の反主流派もなんの戦略も構想もないまま行き当たりばったりで本会議を欠席した結果、思いもしない形で解散になったからである。

もちろん大平は続投しか考えていなかった。そして衆議院解散に伴う総選挙を参院選に合わせて行うという思い切った手に出た。衆参同日選挙の投票日は六月二十二日に決まった。ところが、選挙が公示された五月三十日、新宿で街頭演説に立った直後に倒れ、虎の門病院に緊急入院、一時は記者団との会見に応じるまで回復したが、六月十二日午前五時過ぎに容態が急変、五時五十四分に死去した。発表された死因は心筋梗塞（こうそく）による心不全。享年七十だった。

大平の死後、職務執行内閣を引き受けたのは内閣官房長官を務めていた伊東正義だった。大平急逝後、事前指定に基づき内閣総理大臣臨時代理に就任、すぐさま形式上内閣総辞職の手続きをとり、次の選挙まで内閣総理大臣臨時代理として第二次大平内閣を率いた。党務は西村英一副総裁が代行した。

六月二十二日には衆参同日選挙（第三十六回衆議院議員総選挙・第十二回参議院議員通常選挙）が行われた。大平の弔い選挙となったこの選挙で、自民党は衆議院で二百八十四議席、参議院で六十九議席（非改選数との合計で百三十五議席）を獲得、ひさしぶりの安定多数となったのだった。

行革というのは、時代の大きな流れの中のポストでした

『天地有情』より

世間では大平憤死の原因は反主流派にあるという同情的な見方がもっぱらだった。そのため、大平派から総理総裁を出すのが当然だろうという流れになったが、総理臨時代理を務めていた伊東は「とても総理になる気になれない」と固辞した。

しかし結局、七月七日の自民党最高顧問会議で、大平派で自民党総務会長だった鈴木善幸を後継総裁に擁立することを決定する。そして七月十五日の大平の初盆の日、自民党両院議員総会で鈴木が正式に総裁に選出された。中曽根はその鈴木内閣の行政管理庁長官を打診された。そのときのことを次のように書いている。

〈あのとき、私は「大蔵大臣に」といったんですよ。ところが、バランス・オブ・パワーで、河本敏夫さんと私のバランスをとるために、河本さんを企画庁に持っていって私を行管庁にした。「この内閣の大きな仕事は行革だから、中曽根さん、副総理格でやってくれ」という口実でした。それで、「副総理格ではなく正式な副総理に」といったら、「そうすると河本さんがうるさい。私の留守の間は必ず中曽根さんにやってもらうから」というので、「それでいいでしょう」と（笑い）。やはり総理、総裁の地位というのは人事権を握るからたいしたもんですよ〉（『天地有情』３３６ページ）

そんなことを言いながらも中曽根自身は「行革でいく」と肚を決めていたという。**〈ここは一応勝負どころであって、鈴木内閣に密着して、その中で制覇していくという戦術の方がいいと考えていたわけですよ。だからポストは何でもよかった。行革というのは時代の大きな流れの中のポストでしたから不足はなかった〉**と語っている（『天地有情』336～337ページ）。

そして中曽根は行管庁長官に就任すると、すぐに「第二次臨時行政調査会」を立ち上げた。この臨時行政調査会（第一次臨調）は、一九六一（昭和三十六）年にも行政改革のために作られたことがあったが、いい案が出てきたもののほとんど実行されることなく終わっていた。その二の舞にするつもりはなかった。

会長には日本経済団体連合会第四代会長の土光敏夫を立てた。そしてその第二次臨調が出した提言が後に政権を取った中曽根が行政改革を進めていく際の大きな柱となっていくことになった。そのとき、中曽根は次こそ自分の番だという気持ちがあったに違いない。

第五章

「総理大臣」中曽根の本音

こうと信念を持ったら断行する、
それが総理大臣が最優先すべきことなのです

『日本の総理学』より

首相となった鈴木は、党内抗争をおさめるべく、「和の政治」をスローガンにした。また「増税なき財政再建」を掲げ、一九八二（昭和五十七）年度の予算は大幅に抑制されたものとなった。しかし、第二次オイル・ショック後の世界的不況が続き、税収不足が生じ、テレビで「徹底した歳出削減と赤字国債の増発で未曽有の困難を乗り切る必要がある」（財政非常事態宣言）と訴えなければならなかった。

また日米関係も悪化していた。一九八一年五月、訪米した鈴木は「シーレーン一千海里防衛」を発表したが、帰りの機中で「日米安保条約には軍事的協力は含まれない」と発言して、それが問題化した。

当時は、米ソの冷戦関係が一段と緊張しつつあった。ソ連は中距離核ミサイルSS20をヨーロッパに配備転換していたし、それに対抗してアメリカはパーシングIIの配備を進めていた。その最中に、鈴木は「日米同盟に軍事的な側面はない」と口にしてしまったのだ。アメリカが態度を硬化するのも当然だった。また、その後の参議院本会議では、この日米同盟問題が原因で外務大臣だった伊東正義と対立、伊東が辞任した。

加えて「教科書誤報事件」も鈴木内閣の足を引っ張った。

一九八二年六月二十六日、日本の大手新聞、テレビが、「文部省が、教科書検定で、高等学校用の日本史教科書の記述を〝侵略〟から〝進出〟へと改めさせた」と報道したことをきっかけに、中国、韓国が強く反発、外交問題となったのだ。実際はそんな書き換えの事実はなかったのだが、鈴木内閣は中韓の意向を受ける形で、「近隣のアジア諸国との間の近現代の歴史的事象の扱いに国際理解と国際協調の見地から必要な配慮がされていること」という近隣諸国条項を定めてしまった。

もともと「角影内閣」と呼ばれていた鈴木内閣だが、十月には福田赳夫が「鈴木内閣は国民に信頼されていない」と批判、それに河本派と中川派も同調した。そこで鈴木は突然、間近に迫っていた総裁選への不出馬を表明した。

中曽根は、十月五日に、鈴木から次のように言われたと語っている。

〈「自分は今の心境でこれ以上やる気はない。難問山積の折り、敢えて世評の悪い中に乗り出す愚かさはない。次は君がやってくれ。君以外に人はない。よく助けてくれたことに感謝している。私も協力する。鈴木派にも話していないので、これから説得せねばならない。ついては田中君が大切だ。その方面もぬかりなくやっておいてくれ」〉（『天地有情』３４９ページ）

それから一週間後の十月十二日、鈴木は退陣会見を行った。中曽根の腹は決まった。実は鈴木から話がある前に目白の田中邸を訪ねて田中角栄との話もついていた。総裁選には、中曽根康弘の他、河本敏夫、安倍晋太郎、中川一郎が名乗りを上げた。そして迎えた十一月二十四日の総裁選当日、予備選で中曽根は五十五万九千六百七十三票を獲得した。二位の河本が二十六万五千七十八票、安倍が八万四百四十三票、中川一郎が六万六千四十一票と、中曽根の圧勝だった。そして河本以下三人が本選を辞退して、中曽根が第七十一代内閣総理大臣となることが決まった。

十一月二十七日、第一次中曽根内閣が発足した。内閣官房長官に田中派の後藤田正晴を起用し、党幹事長にやはり田中派の二階堂進を据え、その他閣僚に田中派議員七人を起用した。世間から「権力の座に就くために田中角栄に屈した」と見られかねなかった。中曽根は言う。

〈田中、鈴木両派の協力を得て総裁選挙に勝ち、さらに引き続き行政改革を内閣の目玉にしたいと考えました。そこで官界ににらみのきく人材として、後藤田さんの官房長官起用を決めたのです。固辞する後藤田さんを田中元総理や二階堂（進・幹事長）さんに説得をお願いして、ようやく組閣当日に了承を取りつけました。

この人事のせいでマスコミは、中曽根内閣を「直角内閣」とか「田中曽根内閣」などと揶揄しましたが、私はいっこうに気になりませんでした。なぜなら、優秀な人材を大臣に起用して、国民のために精一杯働いてもらうことがもっとも大切なことだからです。こうと信念を持ったら断行する。それが総理大臣が最優先すべきことなのです〉(『日本の総理学』39~40ページ)

第1次中曽根内閣（1982年11月27日成立）の陣容
最前列左から三人目が中曽根内閣総理大臣。その他、法務大臣：秦野章、外務大臣：安倍晋太郎、大蔵大臣：竹下登、文部大臣：瀬戸山三男、厚生大臣：林義郎、農林水産大臣：金子岩三、通商産業大臣：山中貞則、運輸大臣：長谷川峻、郵政大臣：桧垣徳太郎、労働大臣：大野明、建設大臣：内海英男、自治大臣・国家公安委員会委員長：山本幸雄、内閣官房長官：後藤田正晴、総理府総務長官・沖縄開発庁長官：丹羽兵助、行政管理庁長官：斎藤邦吉、北海道開発庁長官・国土庁長官：加藤六月、防衛庁長官：谷川和穂、経済企画庁長官：塩崎潤、科学技術庁長官：安田隆明、環境庁長官：梶木又三、内閣法制局長官：角田禮次郎、内閣官房副長官：藤波孝生・藤森昭一、総理府総務副長官：深谷隆司・山地進というメンバーだった。

日本の国の理想として、「たくましい文化と福祉の国をつくる」という新しい目標を高く掲げるときが来ている

第97回国会における中曽根内閣総理大臣所信表明演説より

一九八二（昭和五十七）年十二月三日、中曽根は総理大臣として初の所信表明の場に立った。そこで打ち出したのは「戦後政治の総決算」を目指すという姿勢だった。

彼は政治目標の第一を「内外における平和の維持と我が国の民主主義の健全な発展を図ること」、第二は「たくましい文化と福祉の国日本をつくること」と述べたうえで、次のように言葉を続けた。少々長いが引用しておこう。

〈終戦直後、人々は空腹を抱え、トタン屋根の仮住まいの中で、文化国家、福祉国家の理想を掲げました。昭和22年、私は、初めて国会議員に当選して、瓦礫（がれき）と闇市の間を縫って登院しました。その時の光景が目に浮かびます。焼け跡に立っての、文化国家、福祉国家の叫びは、戦前の日本の軍事優先の考え方や自由の拘束された時代から解放された国民が熱望した新しい価値であります。

しかし、当時、国民が直面していた困難の前には、それは一片の理論や理想に過ぎませんでした。その後30余年、今や日本は、高度経済成長を経て、自由世界第二位の経済大国に発展しました。国民は、手にし得た物の豊かさの上に、心の豊かさ、真の文化を心から求めるに至っております。また、いわゆる西欧型の福祉国家とは異なった、日本的な充実した、家庭を中心とする福祉を求める切実な声が上がっております。我々の経済力は、既に、そのような国民の理想を、手の届くところに望み得る基盤をつくり上げています。

私は、今こそ、戦前の日本に対して、戦後の日本の国の理想として、「たくましい文化と福祉の国」をつくるという新しい目標を高く掲げるときが来ていると思うのであります。それこそ、20世紀に生きる我々の、次代に引き継ぐピラミッドでなければなりません。

「たくましい」とは、人間の自由と創造力、生きがいという心の内なるものを尊重する考え方を指すものであります。それは、国民が我が国の良き伝統である連帯と相互扶助の精神を尊び、生涯を通じて互いに学び合い、切磋琢磨（せっさたくま）する姿勢の中から生まれてくると思います。

政治は、この文化と福祉に奉仕するものであります〉（外務省ホームページ「第97回国会における中曽根内閣総理大臣所信表明演説」）


戦後、焼け跡に立って政治家を志した中曽根は当時の思いを決して忘れてはいなかった。そして、仕事師の集まる内閣をつくって、猛烈なスタートダッシュで、行政改革、財政改革、教育改革を進める覚悟を決めていた。
内閣スタート直後の十二月七日には、中曽根は自らを本部長とする「国鉄再建対策推進本部」を内閣に設置した。それは行政改革に対する中曽根の強い気持ちの表れだった。

戦後、マッカーサーが赤字を理由に鉄道省の管轄だった国有鉄道事業の職員を国家公務員から除外することを勧告、独立採算制の日本国有鉄道にして人員整理に着手しようとした矢先の一九四九年には、下山事件・三鷹事件・松川事件と立て続けに起き、下山事件では国鉄総裁の下山定則が轢死体となって発見されていた。その国鉄改革に乗り出すにはそれなりの覚悟が必要だった。また国鉄のバックには、強大な力を持つ日本労働組合総評議会（総評）がいたし、社会党や共産党の支援もあった。分割・民営化は困難を極めることはわかっていた。それでも中曽根は敢えて国鉄改革から着手した。

中曽根の耳朶には土光敏夫臨調会長の「民間がこれだけ血を流しているんだから、国家も流さなければいけない。だから増税なき財政再建をやりなさい。増税すれば、必ず経費を無駄遣いして役所が膨張するだけだ。それから三K（国鉄、健保、コメ）

をやりなさい。そして特殊法人も」と言った言葉が残っていたのだ。

公務員の数も減らしたし、給料も五％カットした。中曽根は「痛みを伴う改革だった。それは改革、民営化で切り捨てられる人がかなりの数に上ったからだ」と振り返る。

〈犠牲になる人もいれば、恩恵を受ける人もいる。犠牲になる人への手当てをつぎつぎとやっていかなければ改革は成功しない。二段、三段構えの考えで改革をしていかなければなりませんでした。みんながみんな賛成するわけではない、そういうものをある程度のりこえていかなければ改革はできない。そういう強い意志をもってやりました〉（『わたしがリーダーシップについて語るなら』２２６ページ）

首相就任後、土光敏夫氏と固い握手を交わす中曽根氏。「戦後政治の総決算」を目指す中曽根氏にとって、土光氏は欠かせない人材だった。

君は法律で仕事をしているかも知れないが、
私は国益を考えて仕事をしている

『日本の総理学』より

総理大臣となった中曽根は一九八三（昭和五十八年）一月十七日に訪米することになったが、その前にやっておくべきことがあった。一つはアメリカから求められていた防衛費増強の問題だった。米ソの対立が深刻化していた当時、アメリカは六〜七％の防衛費増加を掲げていたし、NATO諸国も平均三％以上の防衛費増強を続けていた。そんな中、日本はアメリカから防衛予算増額を求められていた。ところが、中曽根が総理就任直後に指示を出していたにもかかわらず、一九八二年十二月二十九日に大蔵主計局が持ってきた数字は五・一％増というものだった。

それではアメリカの理解は得られないと判断した中曽根は、六・五％増に改めるよう指示した。ところが「各省折衝が終わっているからもう動かせない」と言う。そこで中曽根は大声で怒鳴った。「国家予算というのは総理大臣が対外関係や防衛戦略を考慮して決めるものだ。大蔵省の国内的数字の操作で決めるものではない。六・五％にしなければこの予算は認めない。帰って、竹下君（当時、大蔵大臣）と相談せよ」と――。翌日、主計局長が「六・五％にした」と報告に来た。

もう一つ、武器供与の問題があった。当時、アメリカは日本の電子精密機械技術供与を求めていたが、日本側はそれを渋っていた。佐藤内閣時代に「武器輸出三原則」を表明していたからである。そのため内閣法制局は「技術供与は武力行使につながる恐れがあり、集団的自衛権に触れる」と頑なだった。それにアメリカは苛立ちを見せ、不信感を募らせていたのだ。日本はアメリカの戦闘機を国内でライセンス生産して武器技術供与を受けているくせに何事だというわけだ。

中曽根はその問題をいち早く解決する必要があると感じていた。そこで、内閣法制局長官を呼んでこう言った。

〈「**君は法律で仕事をしているかも知れないが、私は国益を考えて仕事をしている。一片の干からびた法律だけを考えるべきではない。日米安保条約というのは、日米間の基軸にあってバイタルなものである。そういう状況判断をすれば、安保条約を優先するという考えに立って、アメリカに対し武器技術を供与することは、武器輸出三原則の枠外である。技術供与は知識の供与で武器製品の供与ではない。同盟国に知識を供与するのは武器供与にはあたらない。またそう解釈することは政治として当然のことであり、法律的判断というより政策上の法律的許容量の範囲内ではないか**」〉(『日本の総理学』165ページ)

そして対米武器技術供与については、製品はダメだが技術はよいと決定して、アメリカに通報させていた。また訪米を前に、一九八三年一月十一日には韓国を訪問した。当時の韓国大統領は全斗煥大統領だったが、中曽根は臨時行政調査会のメンバーだった瀬島龍三に依頼して経済協力の話をまとめさせていた。

そして訪韓した中曽根が大統領主催の晩餐会において、日頃から練習していた韓国語でスピーチを始めると、会場からどよめきが上がった。その後、場所を変え、全斗煥と二人だけの小宴会も行われた。そのとき中曽根は、韓国語で「ノーラン・シャツ・イーブン」（黄色いシャツを着た男）を歌った。対する全斗煥は「影を慕いて」を歌った。今でこそ、問題山積の日韓関係だが、極めて親密な関係を築いた時代もあったのだ。

韓国を訪問、全斗煥大統領（写真右）と握手を交わす中曽根氏。

百万語を費やすよりも「不沈空母」の一言が、
即座にてきめんに効いたのです

『自省録―歴史法廷の被告として―』より

中曽根が訪米したのは、一九八三（昭和五十八）年一月十七日のことだった。

翌日、ワシントン・ポストの社主だったキャサリン・グラハムに朝食会に招かれたが、その席で中曽根が「日本は不沈空母である」「日米は運命共同体である」と発言したとワシントン・ポストが取り上げた。

ニュースはソ連も取り上げたし、日本でも大騒ぎになった。「日本をアメリカの盾にするのか」というわけだ。

中曽根は、ソ連のバックファイアー爆撃機を想定したうえで、「万一有事の際は、日本列島を敵性外国航空機の侵入を許さないよう周辺に高い壁を持った船のようにする」と発言したにすぎなかったのだが、通訳がそれを「不沈空母」と意訳したのが騒ぎのもとだった。

だが中曽根にしてみれば、まさに我が意を得たり、ということだったようだ。

〈安保保障をめぐり、日米関係は極度に悪化していましたから、意図的なショック療法が必要でした。百万語を費やすよりも「不沈空母」の一言が、即座にてきめんに効いたのです〉と語っている（『自省録―歴史法廷の被告として―』113ページ）。

その後、中曽根の秘書官のもとに、そのとき取材したアメリカ人記者から「録音テープを正確に調べ直したが、首相の日本語の発言には不沈空母という言葉はなかった。正確な内容でもう一度掲載する」という電話が入ったが、中曽根は即座に「訂正の必要はない」と秘書に答えさせた。

果たして、その「不沈空母発言」で日米のわだかまりは一気に氷解することとなった。

翌日、中曽根はロナルド・レーガン米大統領にホワイトハウスに招かれたが、レーガンからは「今後はお互いファーストネームで呼び合おう」と言われた。以来、中曽根とレーガンは「ロン、ヤス」と呼び合う仲になった。

こう書くと、中曽根がアメリカにすり寄っていたかのように思われるかもしれないが、決してそうではない。

中曽根はここまで書いてきたように「戦後政治の総決算」を目指していた。それは戦後一貫して続いていた吉田茂の「平和と経済の国」を目指す路線から、独立国として、安全保障・外交戦略・世界戦略を前提とした「政治と文化」の国を目指す方向への切り替えを意味していた。

中曽根自身、次のように語っている。

〈吉田路線との決別を明言したことは、相当な転換でした。というのは、国民の意識では、それまでの吉田路線は安全で、しかも、経済重視、国民の利己心に合う政治のタイプでした。私はレーガンとの提携、G7における日本の役割を考えていましたから、むしろ積極的に世界に対して日本の主張、価値を見せつけようという意図がありました。日本列島に籠もって、安寧とするよりも、アジアと世界における日本の存在をはっきりさせようという意識が強くありました〉（『中曽根康弘が語る戦後日本外交』322ページ）

こうして、中曽根は、よきにつけ悪しきにつけ、日本はアメリカと同盟関係を深めつつも、日本独自の国のあり方を模索していくこととなったのである。

正義の公表と実行は日本の犠牲においてやるべし、
そうすれば世界は日本を見直すだろう

『天地有情』より

中曽根は、一九八三（昭和五十八）年五月、アメリカで開催される第九回主要先進国首脳会議（ウィリアムズバーグ・サミット）に出席した。五月二十七日のサミット開催の前日、ホワイトハウスでレーガン大統領と一対一で会談したが、そのとき大きなバースデーケーキが供された。中曽根の六十五歳の誕生日に対するレーガンの心配りだった。

このウィリアムズバーグ・サミットの中心テーマは、ソ連が一九七六年から中距離核ミサイルSS20の欧州東部への配備を始めたのに対し、アメリカがパーシングIIクルーズ・ミサイルを配備すべきか否かを論議することにあった。

第二次世界大戦後、米ソによる対立は核開発競争を招いたが、一九六〇年代末には米ソ間で戦略兵器制限交渉（SALT）が開始され、いわゆるデタントの時代を迎えていた。ところがそんな中、ソ連が中距離核ミサイルを配備、ヨーロッパでは緊張が高まっていたのだ。

だが、配備を訴えるアメリカとイギリスに対し、フランスも西ドイツも反対した。フランスは独自の核を持っていたし、NATOの指揮下に入ることを嫌った。一方西ドイツは、実際に核戦争になったとき、犠牲になるのはアメリカではなく自国ではないか、と反発した。

その会議で中曽根は、〈**日本はＮＡＴＯの同盟国でもないし、平和憲法と非核三原則を掲げているから、従来の方針では、こういう時は沈黙すべきである。しかし、ここで西側の結束の強さを示してソ連を交渉の場に引きずり出すためにあえて賛成する**〉という立場を示した（『自省録』１１８ページ）。

その中曽根の発言で会議の流れが変わり、ソ連がＩＮＦ（中距離核戦力）削減交渉に応じないときには一九八三年末までに西ヨーロッパにパーシングⅡを配備するという政治声明が発表されることとなった。

会議終了後の記念撮影で、中曽根は写真中央、レーガンの横に立って写真に収まった。日本の首相で写真中央に収まったのは中曽根が初めてだった。

日本に帰国した後、中曽根に対して「日本はいつＮＡＴＯの一員になったんだ」「ヨーロッパの核問題に日本が口を挟む必要があるのか」などという批判も上がった。だが、中曽根は「安全保障は世界的規模で考えるべきである」という信念を持っていたのである。

そして同年九月一日、大韓航空のボーイング７４７がソ連の戦闘機により撃墜され、乗員・乗客合わせて二百六十九人全員が死亡するという事件が起きた。当初、ソ連政府は韓国機撃墜を否定した。

この事態に日本政府は日米共同でつくったソ連機パイロットと地上指揮所の交信記録を国連緊急安全保障理事会で発表。ソ連はタス通信を通じて、大韓航空機が領空侵犯したため撃墜命令を出したことを認めた。

防衛庁内には交信記録の発表に反対する声もあったという。日本の防衛能力を示すことになるから秘匿すべきだというのだ。しかし中曽根は敢えてそれに踏み切った。中曽根は次のように述べている。

〈防衛当局の反対を押し切って行なうわけだから責任は重い。私は、真実を世界に知らしめ、ソ連を改めさせるために踏み切った。相当な決心です。正義の公表と実行は日本の犠牲においてやるべし、そうすれば世界は日本を見直すだろう、その効果の方が大きいと判断したからです〉（『天地有情』461ページ）

アメリカで開催された第9回主要先進国首脳会議（ウィリアムズバーグ・サミット）に参加したときの中曽根氏（写真左より2人目）。写真右奥で頬づえをついているのがレーガン大統領だ。

私の内閣は仕事師内閣なんだから、
仕事によって国民の判断を求めるべきで、
わずか半年ばかりで評価が決まるものではない

『中曽根内閣史　理念と政策』より

一九七七（昭和五十二）年一月二十七日に東京地裁で始まった田中角栄に対する裁判の第一審判決は一九八三年十月十二日に出た。受託収賄罪などで懲役四年の有罪判決だった。それを契機に、国政は政治倫理の問題が大きく浮上することとなり、野党は田中元首相の議員辞職勧告決議案の提出を試みたが、中曽根首相は「国民に信を問う」として、十一月二十八日に衆院を解散した。

実はそれに先立つ二月、三月頃には、判決が出る時期はわかっていた。そこで田中派は七月に同日選挙に踏み切るべしと中曽根に迫った。田中は選挙に出れば必ず圧勝する。そうなれば逆風を跳ね返して、判決後の予想されていた議員辞職勧告を乗り切れるというわけだ。しかし中曽根はそれを拒否した。まだ政権としてなんの実績も示していなかったからだ。中曽根はメディアの取材に対し、〈**私の内閣は仕事師内閣なんだから、仕事によって国民の判断を求めるべきで、わずか発足以来半年ばかりで評価が決まるものではない。そんなに早々に一か八か解散するのは自分の主義でない**〉と答えていた（『中曽根内閣史　理念と政策』92ページ）。

また中曽根には、「今は、外交・防衛に関する国際的な信用を回復すべき時期だ。万一、同日選挙にうって出て自民党が議席を減らすようなことがあれば、日本の国際的な信用は著しく傷ついてしまう。国益を考えるならば、時を稼ぎ、秋に行政改革解散をするべきだ」という思いもあったと語っている。

　もちろん中曽根は、自分が総理大臣になれたのは田中の協力があったからだということがよくわかっていた。またその政権が、田中派、鈴木派、中曽根派の三派体制で固めなければ、三木派、福田派に対抗できないことも……。しかし、安易に同日選挙に踏み切れば、国民に「中曽根内閣は田中の言うことならなんでも聞く」と思われかねなかった。だから、中曽根は同日選挙を拒否したのだ。

　そして中曽根は田中に対して、〈「**世論の動向、党内の空気から見ると、ここで田中君が大悟一番して、自分で進退を決めることが一番いい結果を生む。きみの将来のいろんな問題については、私も責任をもって守っていく**」〉と話したという（『天地有情』474ページ）。

　前述のとおり、十月十二日、田中に対して、懲役四年、追徴金五億円の有罪判決が出た。田中はそれを遺憾とし、ただちに控訴した。十月二十八日、中曽根は田中角栄とホテルオークラで会った。その日のことを日記にこう記している。

〈**田中元首相に会う。情を尽くして助言する。相互に涙あり。事後、談話を発表す**

る。**自粛自戒の心境を伝える。政治家の進退を外部から強要することは無理である。自らその気持ちになって自ら行う以外に進退はあり得ない**〉（『中曽根内閣史』96ページ）

それに対し、田中は十月三十一日、「公私両面から心からなる助言と友情を示されたことにたいし心から感謝しております」という「所懐」を公表した。

一方、田中角栄の有罪判決を受け、野党から田中への議員辞職勧告決議案が持ち上がったのはもちろん、福田派と三木派からも「田中辞職決議案を議運にはかれ」という声が上がった。当時、議運委員長をしていたのは小沢一郎だった。中曽根はその小沢に言った。「田中辞職決議案は議運では取り上げない。そういう方針でやるから、委員長としてしっかりやれ」と——。

中曽根は国家行政組織法改正案以下、総務庁設置法案、総理府設置法案など六つの重大行革法案を準備していた。また、田中辞職決議をはねのけつつ、衆議院で減税二法案を強行採決した。それに対して野党が激しく反発、国会が空転すると田中派も「解散しろ」と言ってきた。

そこで中曽根は、衆議院議長を介して党首会談を開いて、前法案成立を約束したうえで、十一月二十八日に衆議院を解散することを決意し、十二月十八日の第三十七回総選挙に打って出た。中曽根自身、そのとき「まず取るものを取ってしまおう、あとはあとのことよ」という思いだったと述懐している。

その選挙で田中は二十二万票という圧倒的な票数で当選した。しかし自民党は大きく議席を失った。公認候補のみでは単独過半数に届かないという結果に終わり、中曽根は新自由クラブとの統一会派「自由民主党・新自由国民連合」を組むこととなった。一九五五年の自民党成立以来初めてのことだった。それでも中曽根は前を向いていた。

〈**政治家というのは、ああいった決断を何度かやらなければならないときがあるものですが、私は、そのまま野垂れ死にして辞めることになるとは思っていなかった。「天祐ヲ保有シ」という考えだものね。強気でいましたよ**〉(『天地有情』478ページ)

とはいえ、党内は紛糾することとなった。「田中の影響力を排除せよ」という声も上がった。「選挙の敗北は辞職に値すると感じるべきだ」と暗に中曽根の退陣を求める福田と三木に、中曽根は「申し訳ありません」と繰り返したと述懐している。一方、そんな中曽根を支持してくれたのが岸信介だった。岸は「今、中曽根を除いてやれるやつはいないじゃないか」と言ってくれた。

そして中曽根は「いわゆる田中氏の政治的影響を一切排除する」という声明を出した。それをもって「中曽根は恩人の田中の力をそぎ、政局の主導権を握って長期政権への足掛かりをつくった」という人もいる。しかし、実はその声明を書いたのは田中派の二階堂進だった。中曽根は、「二階堂が口ではそう言っていたものの、本当に文書にするとは思ってもいなかった」と語っているが、果たして本心はどうだったのだろうか。

保護主義に対する戦いの先頭に立つため、
自ら積極的な市場開放と自由化政策を決定した

『中曽根内閣史』より

中曽根政権が誕生した当初、日米間は貿易摩擦の問題で、まさに経済戦争一歩手前の状況にあった。

当時、アメリカは、国際収支の大幅な赤字と財政赤字の「双子の赤字」が大きな問題となっていた。とりわけ、日本からは、綿製品、化合繊、金属洋食器、鉄鋼、カラーテレビ、乗用車、工作機械など多くの製品がアメリカに輸出され、アメリカの対日貿易赤字が膨らんでいた。

そのためアメリカ国内では、日本に対して日本製品の輸入に制限をかけるべきという声が高まっていた。「日本は異質な国だ」「敵対的な貿易国だ」「不公正な貿易相手国だ」などと言いがかりめいた批判が噴出し、様々な圧力がかけられていたのだ。

それに対し、日本側は輸入を自主規制するなどという動きを続けていた。

例えば、一九八一（昭和五十六）年、日本は自動車の対米輸出の自主輸出規制を表明。以後、八一〜八三年度は百六十八万台、八四年度は百八十五万台、八五〜九一年度は二百三十万台、九二〜九三年度は百六十五万台と自主規制を継続していくことになる。しかし、そうした日本側の譲歩にもかかわらず、アメリカの要求がやむことはなく、いわゆる貿易摩擦問題は一向に収まる気配がなかった。

この問題に正面から取り組んだのが中曽根だった。

中曽根は一九八三年十一月のレーガン大統領来日に合わせ、「日米共同円・ドルレート、金融・資本市場問題特別会合（日米円ドル委員会）」を設置した。さらに一九八五年一月にロサンゼルスでレーガン大統領と会談し、「市場志向・分野選択型協議」を開始することに合意した。

エレクトロニクス、電気通信、医薬品・医療機器、林産物、輸送機器の各分野について、アメリカが求める市場開放に日本がいかに応えていくかを話し合おうというわけだ。

同時に中曽根はテレビに出演、日本政府として規制緩和を進める姿勢を表明して、輸入促進の必要性を訴えて国民一人当たり百ドルの海外製品購入を要請した。

そうした流れの中、同年九月二十二日には、先進五か国蔵相・中央銀行総裁会議で、「プラザ合意」が発表された。

かねてからアメリカが求めていたものだったが、五か国による協調的なドル下げが合意されたのである。日本にしてみれば、円高ドル安を受け入れるということだった。

会議に出席したのは、西ドイツ財務相のゲルハルト・シュトルテンベルク、フランス経済財政相のピエール・ベレゴヴォワ、アメリカ財務長官のジェイムズ・ベイカー、イギリス蔵相のナイジェル・ローソン、日本の竹下登蔵相だった。

このプラザ合意を受け、ドルは大幅に急落した。一ドル二百四十円台から年末には一ドル二百円近辺まで下落した。そして円高が進む中、日本は不況に陥ることとなった。

そのため、日本の輸出企業は、国内生産を海外での現地生産に切り替えたり、部品調達を海外から行うなどという対策を取らなければならなくなり、国内産業の衰弱、さらに産業の空洞化が始まった。

中曽根はどんな気持ちでプラザ合意を受け入れたのか。

プラザ合意前の同年七月三十日、中曽根は次のような談話を発表している。

〈戦後自由貿易体制の恩恵を最大限に享受し、自由世界第二位の経済力を有するに至ったわが国は、現状を緊急事態と認識し、各国と協力、率先して保護主義に対する戦いの先頭に立つため、自ら積極的な市場開放と自由化政策を決定した〉（『中曽根内閣史』５９３ページ）

さらに、十月三十一日には「国際協調のための経済構造調整研究会（前川研究会）」を発足させ、翌一九八六年四月七日、報告書（前川レポート）が発表された。

その報告書では、日本の大幅な経常収支の不均衡の継続は、日本の経済運営及び世界経済の調和ある発展という観点からも危機的状況であるとして、経常収支の不均衡の解決と国民生活の質の向上が経済政策上の目標だとされていた。

また、その解決策として内需拡大や市場開放及び金融自由化などを柱としていた。それは、まさにグローバルな視線に立ったものだったといえる。

確かに、アメリカの要求を呑み円高を容認することは、日本の中小企業にとって大きな打撃を受ける可能性があった。選挙のことを考えても決してプラスではない。政権維持という側面からいえば、あまり手をつけたくない政策だった。

また、このプラザ合意がきっかけとなって、いわゆる〝バブル経済〟が始まったとされる。円を買えば儲かるとばかりに世界中の資金が日本に集中し、余った金が土地に流れ込んでバブルが発生することになったというのだ。

しかし中曽根は、プラザ合意は決して間違っていなかったという。

〈**円高によって日本経済はさらに強靭になったわけですから。それに、景気が回復**

しました。円高によって石油が安くなったし、モノが安くなって貯蓄が増えた。円が強くなって、外国にも行きやすくなった。企業も海外進出した。結果として、日本人が海外に向かって大きく踏み出す力をつけることに貢献したと思いますよ〉（『天地有情』531ページ）

そして、その方向性は今の安倍内閣にも引き継がれている。

二〇一六（平成二十八）年十二月九日、参議院で環太平洋経済連携協定（TPP）の承認案と関連法案が可決された。このTPPについては、アメリカのトランプ大統領が就任初日に早々と離脱を表明しており、発効は絶望的になっている中での可決であり、発効が危ぶまれている。しかしそれでも、日本として自由貿易を表明するということでは大いに意味のあることであろう。

グローバリゼーションにより格差が生まれたという負の部分もあるが、ヒト、カネ、モノが自由に行き来できるようになった世界経済が、再び元に戻るとは思えない。また、それを目指すことが世界平和につながる可能性は大きいからだ。貿易立国を目指す日本としては、当然、目指す道だといえよう。

1983年11月、中曽根氏は来日したレーガン大統領夫妻を、自らが所有していた別荘「日の出山荘」に招待、「ロン・ヤス関係」を築いていった。現在に続く密接な日米関係はここから始まった。

第六章

日本への提言

政治家というものは、歴史法廷の被告席に立たされる

『命の限り蟬しぐれ』より

一九八七（昭和六十二）年十月三十一日、中曽根は幹事長だった竹下登を後継指名した。いわゆる「中曽根裁定」だ。実は中曽根の総裁任期は一九八六年九月までとなっていたのだが、その直前の衆参同日選挙（七月六日）で自民党は圧勝、党内から中曽根の総理任期延長の声が上がって一年延長されていた。そんな中、自民党内ではポスト中曽根を巡って、竹下登幹事長、安倍晋太郎総務会長、宮沢喜一大蔵大臣の三人（安竹宮）の名が浮上していた。

安倍は福田派（清和会）の会長だったし、竹下は田中派の多くを率いて一九八七年七月には経世会を立ち上げた。また、宮沢は一九八五年には鈴木善幸から宏池会を禅譲されていた。当然、その三人による総裁選が実施されると思われていた。しかし、そんな中、中曽根による後継指名が行われた。

中曽根は総裁予備選で勝ち取った内閣は強いと考えていた。だから選挙を行いたかったが、安倍氏が白紙委任し、二名が続いたため中曽根裁定による決着となった。

中曽根自身は、自ら成し得なかった間接税の導入と、党の安定、さらに容体が悪化していた昭和天皇にいざということがあった場合に「大喪の礼」を滞りなく行える人物として竹下を指名したと語っている。

いずれにせよ、中曽根裁定により、一九八七年十一月六日、竹下内閣がスタートした。その後も中曽根は政界で影響力を発揮していたが、一九八八年に発覚したリクルート事件に巻き込まれることとなった。とくに第二次中曽根内閣時に官房長官だった藤波孝生が受託収賄罪で在宅起訴されたことは痛かった。中曽根はその責任を取る形で自民党を離党した。

しかし、一九九一（平成三）年四月二十六日に党決定で復党すると、同年、イラクのクウェート侵攻で湾岸戦争が起きた際には、イラク政府やイラクの日本人会の要請もあり、中東特使として自民党のチャーター機でイラクに乗り込むことになった。

当時、海部俊樹が首相を務めていたが、イラク国内で実質的に人質として拘束されていた日本人の解放に向けて、日本政府は目立った活動を行えずにいた。そもそもイラクと直接交渉する材料がなかったし、仮に直接取引によって日本人だけが解放されれば、利己的な日本という評判を強めかねないという懸念もあったからだ。そこで、十一月末に中曽根が特使としてイラクに飛び、サダム・フセインと交渉したのである。その結果、七十二人の日本人を解放させ、多国籍軍によるイラク空爆が始まる前に、帰国させることに成功した。

その後、一九九六年に小選挙区比例代表並立制が導入の際、中曽根は、小選挙区での出馬を他の候補に譲る代わりに、比例北関東ブロックでの終身一位の保証を受け、一九九七年二月に憲政史上四人目の議員在職五十周年を迎えて、同年四月に大勲位菊花大綬章を生前受章した。その後、小泉から政界引退の引導を渡されたのは第一章で書いたとおりだが、その中曽根は、こう語っている。

〈私はこのごろ、政治家は歴史法廷の被告だということをしみじみ感じることがあります。自分では一所懸命やったつもりだし、多少はやったと思うけれども、時間が経って逆から見ると、とんでもないことをやったといわれる場合もある。結局、政治家というものは一所懸命やることをやらなくてはいけないが、究極的には歴史法廷の被告席に立たされる。そういう諦観を持って、しかもまた一所懸命やる。どうもそういうのが政治家の宿命ではないか〉（『命の限り蝉しぐれ』222ページ）

東京裁判は勝者が敗者を裁いたものであり、戦争の責任は全て日本にあり全て日本が悪いという東京裁判史観には違和感がある

「70年、前進の起点」（産経新聞　二〇一五年八月七日付）より

中曽根は、二〇一五（平成二十七）年八月七日付の産経新聞に寄せた「70年、前進の起点」で、次のように書いた。

〈「東京裁判」は勝者が敗者を裁いたものであり、戦争の責任は全て日本にあり全て日本が悪いという「東京裁判史観」には違和感がある。第二次大戦、太平洋戦争、大東亜戦争と呼ばれる「あの戦争」は対米欧、対中国、対アジアとそれぞれの面において、さまざまな要素と複雑さを持ち一面的な解釈を許さない〉

そして中曽根は第二次世界大戦における日本の動きを次のように総括している。少々長いが重要な論点なので転載させていただく。

〈米欧に対しては資源争奪の戦いでもあり、帝国主義的な国家、民族間の衝突でもあった。一方、中国に対しては、「対華二十一カ条要求」以降の日本軍による戦火拡大は、侵略行為であったと言わざるを得ない。大東亜共栄圏を旗印に、植民地政策に苦しむアジア諸国救済を謳（うた）い進出していったが、土足で人の家に上がるような面もあったといえる。

外交における要諦は、世界の正統的潮流を外れぬということにある。第一次大戦が終わり、世界の脱植民地化の動きの中で、各国の利害を調整すべく

1920年に国際連盟が発足し、日本は英国、フランスとともに常任理事国となった。しかし、昭和に入り、満州事変、満州国建国に至る中国大陸への進出の中で徐々に国際的に孤立し、追い込まれる形で33年に国際連盟脱退を表明することとなった。

国内では、米英などから石油などの資源の輸入を止められ、経済的に厳しい状況に追い込まれていった。五・一五事件（32年）、二・二六事件（36年）といった要人の暗殺が続き、混迷を極める国内政治と対外摩擦の中で、米英開戦に突入した。

私が属した海軍でも日米の歴然たる国力差を認識していた。当時の日米の国力比の見積もりは、1対4、1対10、1対20とさまざまであったが、いずれにおいても長期戦になると勝てない、との結論であった。当時の政権もそれを知っていたが、本来なら冷静な戦略判断の下、外交交渉において戦争を回避すべきところ、そうはなり得なかった。

やはり、あの戦争は何としても避けるべき戦争であった。地上戦が行われた沖縄をはじめ広島と長崎での原爆の投下など300万人を超える国民が犠牲になり、日本本土への相次ぐ空襲によって国土は焦土と化した〉

東京裁判で、日本は戦勝国から徹底的に弾劾されることとなったが、少なくとも米欧との戦いは当時世界を支配していた帝国主義的な国家、民族間の衝突だったのであり、一方的に裁かれた東京裁判の結果に疑問を呈しているのだ。

実際、東京裁判に加わった多くの判事は自国に戻った後、裁判の不当性、違法性を証言している。またマッカーサー自身さえも、一九五一年五月には、米上院の軍事外交合同委員会で「日本の戦争は自衛戦争だった」と証言をしている。「白衛の戦争」だったにもかかわらず、その指導者たちを死刑にするというのは矛盾した話であり、東京裁判の判決は絶対的正義だったとはいえないものだったということである。しかし中曽根は、ことさら「だから日本は正しかったのだ」とは言わない。産経新聞の寄稿にはこう書いている。

〈政治にとって、歴史の正統的潮流を踏まえながら大局的に判断することの重要性を痛感する。歴史を直視する勇気と謙虚さとともに、そこからくみ取るべき教訓を学び、それをもって国民、国家の進むべき道を誤りなきように導かねばならない。政治家は歴史の法廷に立つ。その決断の重さの自覚無くして国家の指導者たり得ない〉

それこそ、実際に戦争を戦い、その後、首相の重責を担うこととなった中曽根の思いだったに違いなかった。

百歳になっても百十歳になっても命の限り

『本格報道IN side OUT』（日本BS放送）二〇一三年一月一日放送より

二〇一三（平成二十五）年一月一日、中曽根は、私がプロデューサーを務めていた日本BS放送の番組『本格報道IN side OUT』に出演してくれた。九十五歳になっていた中曽根はまだまだ矍鑠（かくしゃく）としていた。その番組で、自分の人生をどう振り返るかと問われた中曽根は、背筋を伸ばしてこう語った。

「『暮れてなお、命のかぎり蟬しぐれ』という俳句をつくりましたけどね、ま、そういうもんですね……」

百歳になっても百十歳になっても、命の限り、まるで蟬しぐれのように、自分なりの存在を示していきたいというのである。

中曽根は番組の中で、「一番大きなできごとは大東亜戦争だった」とも語り、「**国家というものは与えられたものであるが、その国家とはいったいどんな存在なのかという意識が濃厚にあった。私の体の中には国家があった**」と続けた。

海軍将校として終戦を迎え、焦土と化した日本を目の当たりにした中曽根は、占領された日本を独立国家として立て直すために政治家を目指した。だから、吉田茂のアメリカにおもねるがごとき政治姿勢を激しく攻撃した。それが中曽根の人気を支えた。それが時代と共に変わったかのように見えた時期もあった。時には権力の座をつかむために、主義主張まで変えたように受け取られて〝風見鶏〟とも揶揄されたこともあった。それでも中曽根は気にすることもなく、首相の座を目指し続け、ついにその座を手中にした。

その中曽根は、「首相という存在は非常に孤独な存在だ」と語った。また、それと同時に、「トップリーダーである総理大臣は、たとえ寝ているときでも常に国家を背負っているものだ」と——。そして最後にこう語った。

「**政治家は日本に対する理想や夢を示さなければいけない。政治家の一番大きな仕事は夢を実現すること、そこに徹することだ。みんな怠けていますよ。だから国家の進歩が遅れる。政治家は、寝ても覚めても、この国をどうするかという課題を、いつも胸に抱いていないといけない立場なんですよ**」

私は、九十五歳にしてもなお、政治に対する尽きぬ思いを語る中曽根康弘の姿を今も忘れられない。

日本をどう導いていくか……中曽根氏にとっては瞑想の時間も大切だった。

国民自らがつくり上げる初めての憲法を目指し一層の奮起をお願いする

「新しい憲法を制定する推進大会」での発言（二〇一七年五月一日）

二〇一七（平成二十九）年五月一日、九十八歳になった中曽根は、東京・永田町の憲政記念館に矍鑠たる姿を現した。自身が会長を務める超党派議員による「新憲法制定議員同盟」が主催する、「新しい憲法を制定する推進大会」に出席するためだった。

その会の冒頭で中曽根は挨拶に立ち、次のように訴えた。

「**われわれが目指すべき憲法とは、自由と民主主義を軸に国と世界の未来を展望しつつ、日本のあるべき姿を求めるものだ。**それはまた国民参加のもとに、真の主権在民たる憲法を作り上げることでもある」

そのときの挨拶の原文を紹介する。言うまでもなく、中曽根が一字一句を刻んだ文章だ。

【平成29年度　新憲法制定議員同盟会長挨拶文】

●皆様方におかれましてはご繁忙の中、こうして多くの方々にお集まりいただき衷

心からのお礼と感謝を申し上げます。

●我々が目指すべき憲法とは自由と民主主義を軸に、日本の歴史と伝統、文化を謳(うた)い国と世界の未来を展望しつつ日本の在るべき姿を求めるものでもあります。それはまた国民参加のもとに、真の主権在民たる憲法をつくり上げることでもあります。

●本年は現行憲法施行70年という区切りの年であり、明年は明治維新150年を迎えることとなります。明治憲法は日本が近代化を目指すうえでの原動力となり、敗戦の後うまれた現行憲法は今日の経済発展の大きな礎となりました。それぞれの憲法がその時代に果たした役割と意義を我々は大いに認め、評価するものであります。

●しかしながら、明治憲法は薩長同盟という藩閥政治の力の所産であり、現行憲法はマッカーサーの超法規的力が働いたことを踏まえれば、憲法改正はその内容にもまして、国民参加のもとに国民自らの手で国民総意に基づく初めての憲法をつくり上げるという作業であることを強く自覚しなければなりません。それこそが我々の掲げる憲法改正の本質的な意義であります。

●その為にも、本日お集まり頂いた各党の皆様には、国会や憲法審査会の場で各党の責任においてその内容とビジョンをお示し頂きながら活発な論議のもとに国民世論を喚起し、問題の所在を明らかにするとともに、各党それぞれがどんな国づくりをするのかという青写真を国民の前にお示しいただくものでなければなりません。

●そうした活動が国民参加に繋(つな)がって憲法改正の機運を高め、真の国民憲法実現に向けて前進することを確信するものであります。

●現行憲法によるこの70年は確かに我々の生活に豊かさをもたらしました。しかしながら憲法の欠陥とともに様々な問題に直面していることもまた事実であります。我々はこうした社会現象を憲法に集約し、政治、経済、外交、福祉、教育、文化、科学技術など、それらを新しい国民憲法に反映させながら、日本の新たな未来を切り拓(ひら)いていかねばなりません。それは我々日本民族にとって更なる前進と発展への挑戦でもあります。

●憲法改正は、国民世論と共にあります。各政党におかれましては国民参加を助け、学識関係者やジャーナリズム、経済団体の協力の下、国民の意見や考えを調整しつつ、国民の手による初めての憲法起草を目指し一層の奮起をお願いする次第であります。

本日は誠にありがとうございます。

平成29年5月1日

自主憲法制定議員同盟会長
中曽根康弘

今、安倍晋三首相のもとで、憲法改正の動きが加速化している。この日、「新しい憲法を制定する推進大会」に出席した安倍首相は「機は熟した。求められているのは具体的な提案で、改憲か護憲かといった不毛な議論から卒業しなければならない」と、早期の憲法改正に強い意欲を示した。まさに一強状態にある今こそ、憲法改正のチャンスだと考えているのだろう。

だがそれに対して中曽根は、前述した談話からもわかるように、より深い論議の積み重ねを求めている。

「憲法改正は、国民世論と共にある。各政党におかれては国民参加を助け、学識関係者やジャーナリズム、経済団体の協力の下、国民の意見や考えを調整しつつ、国民の手による初めての憲法起草を目指し、一層の奮起をお願いする」という言葉には、その気持ちがにじみ出している。そう感じたのは私ばかりではないだろう。

もちろん、本書でここまで書いてきたように、中曽根にとって憲法改正は政治家となって以来の悲願である。政治家として最後の仕事だと思っているに違いない。

それでもなお、中曽根は拙速な改正論議に釘をさす。

政党の枠を超え、また国民と共に論議を重ねた上での憲法改正を目指すべきだと訴えているのだ。私は、それこそ民主主義国家「日本」の宰相に求められる姿勢ではないかと思っている。

2017年5月15日、白寿を祝う会で花束を受ける中曽根氏。このときも国民による憲法制定の重要性を熱く訴えた。 ©共同通信社

おわりに

戦後日本は、自由民主党を中心としたいわゆる「五十五年体制」のもと、アメリカとの同盟関係を深めることで、世界史上類を見ないほどの経済発展をとげてきた。その歴史はまさにアメリカを頂点とする世界秩序の中でつくられた、繁栄の歴史といっていいだろう。

しかし今、その世界秩序が大きく形を変えようとしている。

アメリカの新大統領ドナルド・トランプは「アメリカ・ファースト」と銘打ち、保護主義を強く打ち出している。ヨーロッパでは、イギリスが国民投票で「ＥＵ離脱＝ＥＵからの独立」を決めた。その一方で、中国の習近平主席は軍事力を増強しつつ、覇権を唱えて東アジア諸国への圧力を強めているし、ロシアのプーチン大統領もかつてのロシアの栄光を取り戻そうと対決姿勢を強めている。

こうした世界情勢の中、日本はこれまで以上に、進むべき道を慎重かつ明確な指針を持って選び取っていかなければならなくなっている。

しかし、現在の日本の政治状況を見るにつけ、果たしてそうした視点を持った政治家が何人いるのか、はなはだ不安を抱かざるを得ないのではないだろうか。

毀誉褒貶（きよほうへん）はあるが、日本の戦後の道筋を決めたのは、間違いなく吉田茂である。中曽根は、そんな吉田の姿勢を嫌い激しく反発した。軍人上がりで、政治的には決してエリートではなかった中曽根にとって、吉田のＧＨＱに対する阿（おもね）りとも見える政治姿勢は許せないものだったのかもしれない。しかし、その中曽根も政治家として力をつけるにつれ、様々な政治力学に目覚め、やがて首相を目指すようになっていく。

そして首相となった彼がアメリカ大統領のドナルド・レーガンと「ロン・ヤス」関係を築いたことはよく知られている。だが中曽根がその一方で、東西問わず世界各国の首脳と精力的に会っていたことを見逃してはいけないだろう。その行動も、彼の残した著書を読んでいくと、単にアメリカに追従していたわけではなく、その時々の状況に応じて日本の国益を追っていた、〝したたかな風見鶏〟だったのではないかとも思えてくる。

それしても、巻末に掲げた年表を見てもわかるように、中曽根以降、いわゆる宰相と呼べる首相は登場していない。あえて言えば、小泉純一郎政権と、現在の安倍晋三政権が安定しているといえそうだが、それも野党が衰退した結果ではないか。

かつての野党は、それなりの思想と政策を持っていたように思えるが、今やそのパワーもなくなっている。一方、自民党内でも政策を真っ向から戦わせるようなこともなくなった。目先の自分の選挙のことばかり気にしているのだ。

この現実を、戦争を体験し、その後の歴史を政治家として生き抜いた中曽根康弘はどう見ているのか。叶（かな）うことなら、もう一度、彼の言葉を直接聞いてみたいものだ。

●中曽根康弘略年譜

年	月日	【政権名】政権政党　（日本・世界のできごと）
１９１８（大正７）年	５月27日	群馬県高崎市末広町の材木商・中曽根松五郎、ゆくの次男として生まれる。
１９４０（昭和15）年	３月10日	母・ゆく没
１９４１（昭和16）年	３月	東京帝国大学法学部政治学科を卒業。その後、内務省に入省。
	８月	海軍経理学校卒業。11月広島の呉鎮守府に配属され第二設営隊の主計長に任命される。
１９４５（昭和20）年	２月11日	中曽根、小林蔦子と結婚。
	８月14日	（御前会議にてポツダム宣言の受諾が決定される）
	10月	復員し、内務省に復帰。
	11月３日	（日本国憲法公布。施行は１９４７年５月３日）
１９４６（昭和21）年	12月	内務省を依願退職。
	５月22日	【第一次吉田茂内閣成立】日本自由党、日本進歩党
１９４７（昭和22）年	４月25日	第23回衆議院議員総選挙で民主党から初出馬し群馬県３区、日本全国最年少でトップ当選。
	５月24日	【片山哲内閣成立】日本社会党、民主党、国民協同党
１９４８（昭和23）年	３月10日	【芦田均内閣成立】民主党、日本社会党、国民協同党
	８月13日	（大韓民国樹立。朝鮮民主主義人民共和国樹立は９月９日）
	10月15日	【第二次吉田内閣成立】民主自由党
１９４９（昭和24）年	２月16日	【第三次吉田内閣成立】民主自由党
１９５０（昭和25）年	３月１日	（自由党結成：民主自由党＋民主党連立派）
１９５１（昭和26）年	１月23日	マッカーサーに建白書を提示。
	９月８日	（日米安全保障条約調印。発効は１９５２年４月28日）
１９５２（昭和27）年	10月30日	【第四次吉田内閣成立】自由党
１９５３（昭和28）年	５月21日	【第五次吉田内閣成立】自由党

年	月日	事項
1954（昭和29）年	1月	衆院予算委で造船疑獄事件を追及。
	3月	野党議員ながら「原子力予算（2億3500万円）」を国会に提出し成立させる。
	7月	北欧、ソ連、中国を視察。
	11月24日	（日本民主党結成。総裁・鳩山一郎）
	12月10日	【第一次鳩山一郎内閣成立】日本民主党
1955（昭和30）年	3月19日	【第二次鳩山内閣成立】日本民主党
		日本民主党副幹事長に就任。
	8月	原子力平和利用国際会議に出席。欧米各国を視察。
	11月15日	自由民主党結成（自由党＋日本民主党）で、自民党副幹事に就任。
	11月22日	【第三次鳩山内閣成立】自由民主党
1956（昭和31）年	7月	（経済白書に「もはや戦後ではない」）
	10月19日	（日ソ国交回復共同宣言。発効は同年12月12日）
	11月27日	日ソ共同宣言賛成討論でソ連批判をするも、その演説全文が衆議院議事録から削除された。
	12月23日	【石橋湛山内閣成立】自由民主党
1957（昭和32）年	2月25日	【第一次岸信介内閣成立】自由民主党
1958（昭和33）年	6月12日	【第二次岸内閣成立】自由民主党
1959（昭和34）年	4月10日	（皇太子〔今上天皇〕・美智子妃のご成婚）
	6月18日	第二次岸内閣改造内閣で、科学技術庁長官として入閣。原子力委員会委員長に就任。
1960（昭和35）年	5月19日	（新安保条約を強行採決）
	7月19日	【第一次池田勇人内閣成立】自由民主党
	11月8日	（ケネディ、米大統領に当選）
	12月8日	【第二次池田内閣成立】自由民主党
	12月27日	（国民所得倍増計画を閣議決定）
1961（昭和36）年	5月16日	（韓国で朴正熙によるクーデター発生。後に大統領）

年	月日	事項
1962(昭和37)年	10月22日	(キューバ危機発生)
1963(昭和38)年	11月22日	(ケネディ暗殺)
	12月9日	【第三次池田内閣成立】自由民主党
1964(昭和39)年	10月10日	(東京オリンピック開幕)
	11月9日	【第一次佐藤栄作内閣成立】自由民主党
1965(昭和40)年	2月7日	(米国、ベトナム北爆開始)
	6月22日	(日韓基本条約調印。発効は12月18日)
1966(昭和41)年	5月16日	(中国で文化大革命始まる)
	12月	旧河野派が分裂、佐藤栄作不支持を打ち出して中曽根派を結成。
1967(昭和42)年	2月17日	【第二次佐藤内閣成立】自由民主党
	11月25日	第二次佐藤内閣第一次改造内閣の運輸大臣に就任。それまで佐藤栄作を批判していたのにもかかわらず入閣したため風見鶏と揶揄され、以後これが中曽根の代名詞になった。
1968(昭和43)年	10月24日	日ソ航空協定交渉で訪ソ、コスイギン首相と会談。
	11月6日	(ニクソン、米大統領に当選)
	12月10日	(3億円強奪事件発生)
1969(昭和44)年	6月25日	父・松五郎没
	7月20日	(アポロ11号月面着陸)
1970(昭和45)年	1月14日	【第三次佐藤内閣成立】自由民主党
		防衛庁長官に就任。
	3月14日	(大阪万博開幕)
	3月31日	(よど号ハイジャック事件発生)
	10月20日	初の防衛白書発刊。
	11月25日	(三島事件発生)
1971(昭和46)年	7月5日	自民党総務会長に就任。

	8月16日	（ドルショック発生）
1972（昭和47）年	2月19日	（浅間山荘事件発生）
	5月17日	（沖縄施政権返還）
	6月17日	佐藤首相が引退表明。総裁選に三木武夫、田中角栄、大平正芳、福田赳夫が出馬を表明（三角大福戦争開始）。野田武夫ら中曽根派内の中堅、ベテラン議員や福田支持派から出馬要請を受けるが、日中問題で福田の姿勢に不満を抱いていた派内の河野洋平をはじめとする若手議員が田中角栄支持に傾いていたことなどから、自らの出馬を取り止め、田中支持に回った。このことは田中が福田に勝利するにあたり決定的な役割を果たしたとされる。
	7月7日	【第一次田中角栄内閣成立】自由民主党
		通産大臣、科学技術庁長官に就任。
	9月29日	（日中共同声明調印。日中国交正常化）
	12月22日	【第二次田中内閣成立】自由民主党
1973（昭和48）年	1月18日	訪中し、周恩来首相と会談。
	4月	中東歴訪。
	10月6日	（第四次中東戦争勃発）
1974（昭和49）年	8月9日	（ニクソン米大統領がウォーターゲート事件で辞任）
	12月9日	【三木武夫内閣成立】自由民主党
		中曽根、自民党幹事長に就任。
1976（昭和51）年	4月5日	（中国で天安門事件発生）
	7月27日	（ロッキード問題で田中角栄・前首相が逮捕される）
	12月5日	中曽根もロッキード事件への関与を疑われたものの、衆院選では辛うじて最下位で当選。
	12月24日	【福田赳夫内閣成立】自由民主党
1977（昭和52）年	9月28日	（日航機ハイジャック事件発生）
	11月28日	福田赳夫内閣改造内閣で再び総務会長就任。

年	月日	事項
1978（昭和53）年	8月12日	（日中平和友好条約調印。10月23日発効）
	11月26日	「明治時代生まれのお年寄りがやるべき時代ではない」と世代交代を訴え、自由民主党総裁選挙に初出馬。予備選で大平正芳が748点、福田赳夫が638点、中曽根は93点、河本敏夫が46点だった。
	12月7日	【第一次大平正芳内閣成立】自由民主党
1979（昭和54）年	10月7日	第35回衆議院議員総選挙における自民党の敗北を受けて「四十日抗争」勃発。11月6日の総理大臣指名選挙では福田支持に回る。
	11月9日	【第二次大平内閣成立】自由民主党
1980（昭和55）年	6月12日	（大平首相没）
	7月17日	【鈴木善幸内閣成立】自由民主党　行政管理庁長官に就任。
	8月9日	臨時行政調査会（第二臨調）の設置を表明。12月5日設置。
	9月1日	（全斗煥、韓国大統領に就任）
	11月4日	（レーガン、米大統領に当選）
1981（昭和56）年	6月27日	（鄧小平、党中央軍事委主席就任決定）
1982（昭和57）年	2月9日	（日航機、羽田沖墜落事故発生）
	10月12日	（鈴木首相、退陣表明）
	11月24日	自民党総裁選で圧倒的な支持を得て勝利。
	11月27日	【第一次中曽根内閣発足】自由民主党
1983（昭和58）年	1月11日	訪韓。経済協力合意（40億ドル）。
	1月17日	日米首脳会議。18日に「不沈空母」発言。
	4月30日	ASEAN5か国訪問。
	5月28日	第9回主要先進国首脳会議出席（ウィリアムズバーグ）。
	7月1日	臨時行政改革推進審議会設置（土光敏夫会長）
	10月12日	（ロッキード事件で、田中元首相に懲役4年の判決）
	11月9日	レーガン大統領来日。11日には日の出山荘で会談。
	12月27日	【第二次中曽根内閣成立】自由民主党、新自由クラブ

年	月日	事項
1984（昭和59）年	1月5日	現職首相としては戦後初の靖国神社年頭参拝。
	11月1日	第二次中曽根内閣第一次改造内閣発足。内閣官房副長官に山崎拓を抜擢。
1985（昭和60）年	1月2日	ロサンゼルスで日米首脳会談。
	2月27日	（田中元首相、脳梗塞で倒れる）
	4月9日	日米貿易摩擦の中、国民に1人100ドルの外国製品購入を呼びかける。
	8月12日	（日航機墜落事故発生）
	8月15日	総理大臣として初の靖国神社公式参拝。
	9月22日	プラザ合意。1ドル230円に。プラザ合意。
	10月18日	靖国神社秋の例大祭参拝中止。
	10月25日	レーガン大統領との会談で円高・ドル安推進で合意。
	12月28日	第二次中曽根第二次改造内閣成立。
1986（昭和61）年	4月13日	日米首脳会談（キャンプデービット）。
	4月28日	（チェルノブイリ原発事故発生）
	7月6日	第38回総選挙、第14回参院選で自民党圧勝（いわゆる「死んだふり選挙」）。
	7月22日	**【第三次中曽根内閣成立】自由民主党**
	9月11日	自民党総会で中曽根の総裁任期1年延長を決定。
	11月8日	訪中。日中四原則再確認。
	11月15日	三原山噴火。21日には首相権限で海上保安庁所属の巡視船や南極観測船を出動させ、滞在者も含めた島民全員の救出に成功。
	11月28日	（衆院本会議で、国鉄分割・民営化関連8法案を可決）
	12月	昭和62年度の予算編成で「防衛費GNP1%枠」の撤廃を決定。これにより日本政府はより積極的な防衛政策の立案が可能となり、米軍との協力関係はさらに緊密となった。
1987（昭和62）年	2月10日	（NTT株上場。160万円の初値）
	4月1日	（国鉄民営化、JR11社発足）
	7月17日	（俳優・石原裕次郎死去）

年	月日	事項
	10月19日	（ブラックマンデー。ニューヨークの平均株価が史上最大の22・6％下落。20日には東京株式市場大暴落、下落率14・9％と過去最大）
	10月31日	竹下登を後継者指名。
	11月6日	【竹下登内閣成立】自由民主党
	12月16日	（盧泰愚、韓国大統領選で勝利）
1988（昭和63）年	2月～5月	フランス、韓国、米国訪問。ミッテラン仏大統領、全斗煥韓大統領・盧泰愚次期大統領、レーガン米大統領・ブッシュ副大統領らと会談。
	7月20日	ソ連訪問、ゴルバチョフ書記長と会談。
	9月14日	ドイツ、英国訪問。コール独大統領、サッチャー英首相らと会談。
	11月8日	（ブッシュ、米大統領選で当選）
	12月24日	（消費税導入を含む税制改革関連6法案を参院本会議で可決。施行は1989年4月1日）
1989（昭和64）年	1月7日	（昭和天皇崩御）
1989（平成元）年	5月25日	リクルート問題で証人喚問。自民党を離党。
	6月3日	【宇野宗佑内閣成立】自由民主党
	8月10日	【第一次海部俊樹内閣成立】自由民主党
1990（平成2）年	2月28日	【第二次海部内閣成立】自由民主党
	11月12日	（今上天皇、即位の礼）
	11月3日	イラク訪問、5日にフセイン大統領と会談。
1991（平成3）年	1月16日	（米国をはじめとする多国籍軍によるイラク空爆開始。2月26日終結）
	4月26日	自民党に復党。
	4月30日	中国訪問。日中青年交流センター落成式。江沢民初期、李鵬総理らと会談。
	11月5日	【宮澤喜一内閣成立】自由民主党
1992（平成4）年	3月1日	ロシア訪問。エリツィン大統領と会談。
	9月25日	中国訪問。江沢民書記長と会談。
1993（平成5）年	8月9日	【細川護煕内閣成立】日本新党、その他連立

年	月日	事項
	12月16日	（田中角栄元首相死去）
1994（平成6）年	4月28日	【羽田孜内閣成立】新生党、その他連立
	6月30日	【村山富市内閣成立】日本社会党、自由民主党、新党さきがけ
1995（平成7）年	1月17日	（阪神・淡路大震災発生）
	3月20日	（地下鉄サリン事件発生）
1996（平成8）年	1月11日	【第一次橋本龍太郎内閣成立】自由民主党、日本社会党、新党さきがけ
	10月20日	第41回衆院総選挙に出馬して当選（1994年1月の小選挙区比例代表並立制導入の際、小選挙区での出馬を他の候補に譲る代わりに、比例北関東ブロックでの終身1位の保証をされていた）。
	11月7日	【第二次橋本内閣成立】自由民主党
1997（平成9）年	2月2日	憲政史上4人目の議員在職50周年を迎えた。
	4月29日	大勲位菊花大綬章を受章。
1998（平成10）年	7月30日	【小渕恵三内閣成立】自由民主党
1999（平成11）年	3月18日	中曽根を最高顧問とする「志帥会」が結成された。参加したのは中曽根派の江藤隆美、中尾栄一、与謝野馨、村上正邦、佐藤静雄ら、と亀井静香が率いる亀井グループだった。
2000（平成12）年	4月5日	【第一次森喜朗内閣成立】自由民主党、公明党、保守党
	7月4日	【第二次森内閣成立】自由民主党、公明党、保守党
2001（平成13）年	4月26日	【第一次小泉純一郎内閣成立】自由民主党、公明党、保守党　その際、森首相退陣後の総裁選に出馬した亀井静香に総裁選辞退を進言し、亀井はこれを受諾する。
	9月11日	（米国で同時多発テロ発生）
2003（平成15）年	10月23日	小泉純一郎首相から定年制導入のために引退を要請され、当初は反対するも最終的には政界から引退した。1947年の初当選以来、連続当選回数は20回にも及んだ。
	11月19日	【第二次小泉内閣成立】自由民主党、公明党、その他連立
2005（平成17）年	9月21日	【第三次小泉内閣成立】自由民主党、公明党

２００６（平成18）年	9月26日	【第一次安倍晋三内閣成立】自由民主党、公明党
２００７（平成19）年	9月26日	【福田康夫内閣成立】自由民主党、公明党
２００８（平成20）年	9月15日	（米国でリーマン・ショック発生）
	9月24日	【麻生太郎内閣成立】自由民主党、公明党
２００９（平成21）年	9月16日	【鳩山由紀夫内閣成立】民主党、社会民主党、国民新党
２０１０（平成22）年	6月8日	【菅直人内閣成立】民主党、国民新党
２０１１（平成23）年	3月11日	（東日本大震災発生）
	9月2日	【野田佳彦内閣成立】民主党、国民新党
２０１２（平成24）年	12月26日	【第二次安倍内閣成立】自由民主党、公明党
２０１４（平成26）年	12月24日	【第三次安倍内閣成立】自由民主党、公明党
２０１６（平成28）年	6月23日	（英国の国民投票〔イギリスの欧州連合離脱是非を問う国民投票〕でＥＵ離脱が決定）
２０１７（平成29）年	1月20日	（トランプ米大統領就任）

参考資料（順不同）

『大地有情』文藝春秋
『中曽根康弘が語る戦後日本外交』新潮社
『中曽根内閣史　理念と政策』世界平和研究所
『自省録―歴史法廷の被告として―』新潮社
『日本人に言っておきたいこと―21世紀を生きる君たちへ』ＰＨＰ研究所
『憲法大論争　会見 vs. 護憲』朝日新聞社
『日本の総理学』ＰＨＰ研究所
『わたしがリーダーシップについて語るなら』ポプラ社
『首相秘書官が語る中曽根外交の舞台裏』朝日新聞出版
『命の限り蝉しぐれ』徳間書店
『保守の遺言』角川書店
『政治と人生―中曽根康弘回顧録』講談社
『日本原子力学会誌』（ｖｏｌ．49）
『青年の理想』一洋社
『婦人生活22（２）』（婦人生活社）

他

●著者プロフィール
鈴木哲夫（すずき・てつお）
1958年生まれ。早稲田大学法学部卒。政治ジャーナリスト。テレビ西日本報道部、フジテレビ報道センター政治部、日本BS放送報道局長などを経て、2013年6月からフリージャーナリストとして活動。長年にわたって永田町を取材し、与野党問わず豊富な人脈を持つ。近著に『政党が操る選挙報道』（集英社新書）、『最後の小沢一郎』（オークラ出版）、『ブレる日本政治』（ベスト新書）、『安倍政権のメディア支配』（イースト新書）、『誰も書けなかった東京都政の真実』（イースト・プレス）など多数。テレビ、ラジオの報道番組でコメンテーターとしても活躍中している。

戦争を知っている最後の政治家
中曽根康弘の言葉

2017年8月15日　初版第1刷発行

著　者　**鈴木哲夫**

写真協力　中曽根事務所
編集協力　河野浩一（さくらエディション）
カバー・本文デザイン　黒岩二三
校　正　桜井健司（校正事務所コトノハ）

発行者　**田中幹男**
発行所　株式会社 **ブックマン社**
〒101-0065　千代田区西神田 3-3-5
TEL 03-3237-7777　FAX 03-5226-9599
http://www.bookman.co.jp
ISBN978-4-89308-884-0
印刷・製本　株式会社 **三秀舎**